LYTTELTON

外国名家谈教育

EDWARD LYTTELTON
ON EDUCATION

英国伊顿公学校长

爱德华·利特尔顿 谈教育

[英] 爱德华·利特尔顿 著

胡彧 译

辽宁人民出版社

图书在版编目（CIP）数据

英国伊顿公学校长爱德华·利特尔顿谈教育/（英）
爱德华·利特尔顿著；胡彧译.—沈阳：辽宁人民出
版社，2021.7
（外国名家谈教育）
ISBN 978-7-205-10083-4

Ⅰ.①英… Ⅱ.①爱… ②胡… Ⅲ.①中学教育—教
育研究—英国 Ⅳ.①G632.0

中国版本图书馆 CIP 数据核字（2020）第 253786 号

出版发行：辽宁人民出版社
　　　　　地址：沈阳市和平区十一纬路 25 号　邮编：110003
　　　　　电话：024-23284321（邮　购）　024-23284324（发行部）
　　　　　传真：024-23284191（发行部）　024-23284304（办公室）
　　　　　http://www.lnpph.com.cn
印　　刷：辽宁新华印务有限公司
幅面尺寸：160mm×230mm
印　　张：8
插　　页：8
字　　数：120千字
出版时间：2021 年 7 月第 1 版
印刷时间：2021 年 7 月第 1 次印刷
责任编辑：阎伟萍　孙　雯
装帧设计：留白文化
责任校对：刘再升
书　　号：ISBN 978-7-205-10083-4
定　　价：38.00元

目录
Contents

导　言

爱德华·利特尔顿（1855—1942），英国伊顿公学校长、教育家，也是一位优秀的板球运动员。他在伊顿公学学习 7 年后，进入剑桥大学三一学院深造。两所学校实为姊妹渊源，后者在当时无一不透出伊顿的特质和传统。他于 1880—1882 年担任威灵顿公学副校长，1890—1905 年担任黑利

◎爱德华·利特尔顿　肖像

伯瑞学院校长，1905—1916 年担任伊顿公学校长。在伊顿公学任职期间，对学校教育机制作了大量改革，如在入校考试中免试希腊语，但同时在必学科目中增加了数学、现代语言、科学和历史等，为伊顿公学走向现代化教育体系作出巨大贡献。

伊顿公学，简称伊顿，是亨利六世在 1440 年创立的，当时被称为"温莎的伊顿夫人的国王学院"，坐落在伦敦 20 英里外的温莎小镇，是英国最著名的贵族中学。之所以著名，在于它不仅是皇室贵族子弟以及英国历史上 19 位首相的母校，还因其卓有成效的教学和管理制度。在英国的公学体系中，伊顿并不是最突出的一所学校，但她一直在刻意坚守着社会和学科角度的独立性。伊顿公学好像给人一种虚幻的形象：一方面提倡学生在思想和行为上表现出自由度；另一方面却坚持让教师绝对依从，教学内容不容改弦更张。只有在伊顿才会有那种特有的办学

◎爱德华（右）与弟弟阿尔弗莱德（左），摄于伊顿公学，1872 年

方式。

伊顿公学一直被称为"英国政治家的摇篮"。20 世纪早期，一位研究伊顿公学的历史学家曾这样写道："世界上没有任何一所学校能够像伊顿公学为世界提供了如此之多杰出的优秀人才。"大卫·卡梅伦就是伊顿公学培养出的第十九位英国首相。《优秀学校指引》杂志将伊顿公学称为"世界上最好的公立学校"，并且说"这里的教学资源与设施都是世界第一的"。除此之外，伊顿公学还是世界最顶尖 20 所学校联盟中的一员。

第一章
概　论

　　我们必须承认社会对教师职业始终抱有一定的偏见，认为没有本事的人才去当教师。教师在所有行业中被视为文化层次较低的一类[①]。毫不客气地讲，教师都难成正果，所以那些才干出众或者志向远大之士不会选择教师职业。我们不能说这种观点低俗。拥有远大抱负是优秀的品质，如果一个人能认识到自己的才能，心存进取之志，又有果决之意气，同时具备领导意识，很有主见，那么此人绝非池中之物，定能成就一番大事业。很多人追求事业成功的主要动机是出于虚荣心理，希望得到他人的赞许和羡慕。此外，人们也渴求权势、地位和利益，梦想着能在政坛、商界或社会上占有一席之地。我们不一定把这种追求定义为低俗，但重要的是一个人能否光明正大地实现自己的理想，或者是否希望从中谋得回报和酬劳。古罗马诗人贺拉斯[②]所说的那种"声名鹊起而备受关注"的境遇正是年轻人极力追求的目标。能够得到尊敬和礼遇，或

[①] 在军中服役、经营酒吧、搞房地产和做公务员在多数人眼中都是社会地位较高的职业，其中还包括艺术家、建筑师和文学家。排在第二等的包括律师、工程师、医生和教师；牧师的地位原来很高，现在已经算不上是职业，而是一项事业。

[②] 贺拉斯（Horace，前65—前8），古罗马奥古斯都时期的著名诗人、批评家、翻译家，代表作有《诗艺》等。他是古罗马文学"黄金时代"的代表人之一。作为翻译家，受西塞罗的文学批评和理论的影响，用相当的篇幅谈了创作中语言的使用和翻译问题。综合起来，主要有以下两点：翻译必须坚持活译，摒弃直译；本族语可通过译借外来词加以丰富。

者居高临下地发号施令，表面上看的确令人向往。可是那些所谓的成功人士在获得名利和权力后却常常觉得很无聊，别人的顺服只是流于形式。尽管声名显赫之人可能失去名利地位，变得不名一文，可是成功人士很少能够泰然处之。如果虚伪地否认权势、地位的魅力和个中滋味，一定被人理解为愚蠢之极。惶恐的道学家们虽然一再告诫过世人，但是人性时常受名利场左右，谁也不能免俗。

然而，从事教师职业的人不可能在名利场上有太大的收获。如果喜欢发号施令，他们可以向校长的位置努力。等到精力和锐气渐退，对付顽童所必需的机敏和干劲消磨殆尽后，他们可以转到更为成熟稳妥的领域。教师一定要准备好应付各种艰难困苦，这也是该职业明显的劣势。教师必须不留情面地坚持精准的原则，年复一年地不断纠正同样的错误，向幼稚的心灵灌输大量枯燥的、自己也认为是毫无意义的东西。教师要准备好应对各种利益对心智的挤压，而且这种挤压几乎摆脱不掉；还要不断应对不同人的各种思想，它们可能没有任何道理、知识性和趣味性。教师必须一直克制内心强烈的冲动，工作中不断追本溯源，返回

◎鸟瞰伊顿

到原点。如果想要成为好老师，他的头脑容量一定很大，必须有能力组织庞杂的知识，善于化腐朽为神奇。

如果在寄宿学校任教，教师必须扮演伙食管理员或旅馆经理的角色，准备面对繁杂的日常琐事，而且那些琐事会逐年变得日益棘手。只有工作热情根本无法使本职业镀上耀眼的光环，部分原因是学校必须给一大群人提供食宿条件，而收费却总也抵不上成本。

教师在和同龄人交往过程中，必须接受一个现实：他们与主流社会有些格格不入，在别人眼中是令人讨厌的家伙。周围人对独断专行、喜欢说教的教师抱有戒备心理。人们自然而然地认定教师因循守旧，终日一本正经地戴着假面具。

教师不可能积攒下大笔的财富，除非原来就很有钱，然后自己创办私立学校。即使那样，如果没有天生的领导能力和稳定可靠的人脉关系，他在事业上也要承担很大的风险。

以上都是当教师的直观劣势。我们必须承认这些劣势不容小觑。

下面再说当教师的外在优势。一所优秀公学的教师身份直接代表着个人才能。这本书针对的正是那些好学校的教师。他们的生活很有规律，也有很多健身机会，所以健康基本无虞；婚姻方面的前景比较乐观；可以享受美妙的假期；与可爱的孩子相处也很有意思；朋友圈会逐渐扩大；和名校挂钩能增添个人的荣耀，因为这样的学校能使人产生爱国精神、慈爱情怀和自豪感，代表着传统和希望，有着悠久的历史、鲜活的现在和光明的未来。

我们简单考虑一下人们是如何看待教师职业的。与其他职业相比，人们更倾向于认为那些没有什么事业追求的人才从事教师工作。每年都有一大批年轻人考入大学学习。他们很清楚自己必须要掌握一门谋生手段，可是如何实现目标却没有明确安排。他们当中有的想成为公务员，有的想成为律师、进入文坛、去大学任教或者经商，但也有很多大学生愿意当中小学教师，也有人想当医生、工程师或从军。无论怎样，进入

◎绘画中的伊顿公学

大学后就要开始制订人生规划。

还有一种说法，虽然个别人会出于传统或个人偏好，注定要当老师，但是更多的人则存在这样的模糊意识：一旦所有的门路都走不通，教师职业就成为退而求其次的选择。姑且不评论这些人的动机，就是前面的那些有志从教的年轻人也是凤毛麟角。很少有人具备对教师职业的强烈渴望或激情。大多数人的认识都是模糊不清的，只不过他们的反感不那么强烈而已。他们在教过自己的老师身上体会到这一职业的成就感。因为教师在本职工作中投入了大量时间，所以孩子们唯一能近距离审视评判的职业只有他们的老师。即使学生在家里接触的都是专业人士，他们一般也只能见识到家人的生活本色，也就是工作以外的本来面目。可是他们只能在上学期间接触到老师，而且其影响力要持续几年时间。即使这种情景不能激发出学生的主动热情——英国中小学里的情景大体如此——无论如何也不会引起他们对教师职业的极大反感。

其实教师的生活并非没有一点吸引力。一些年轻人喜欢这一职业的原因之一就是能连续得到锻炼身体的机会，而其他方面也不见得无法忍受。即使面对人数不多的学生，教师的精细控制力也能得到持久的锻炼，他们可以在管束学生的过程中体会一下权势的作用。英国人的骨子里都有一种强烈的权力欲和支配欲。此外，人们越来越明显地认识到教师的总体形象还是可敬、幽默和睿智的。教师职业虽然不能激发很高的热情，但绝对不会给人下作卑鄙、令人不齿的印象。

我们必须牢记这一点，只有少数人在谋求职位时能真正抱着尽职尽责的工作热情，大多数人则希望从事自己喜欢的工作。如果某一职业的前景注定是慵懒无为，只能得到个别人的垂青和认可，那么多数人就会乐享逍遥安逸。问题是教师在工作中能否产生从事一项伟大事业的责任感呢？答案无疑是肯定的。

教师如果能够谨慎细致、尽职尽责，并富有同情心，那么他们的个性将会得到丰富，精神境界也将得到提升。这是其他行业所比不了的。

在教师看来，履行既定职责是情非得已，所以只能在业余的闲暇时间去满足个人兴趣和爱好的追求。各种工作难题会意想不到地汇集到他们的案头，就像误入小人国的格列佛，一觉醒来发现自己已被链子捆绑住了。那些小人的脾气秉性表面上看差不多都一样，但是格列佛知道他们其实个性迥异。后来他逐渐充当了小人们的引路者和指挥者的角色，心底里的那份父亲般的护佑本能复苏了。虽然他的营生不够体面，为人冷漠、自私自利，后来却发现自己的生活变得鲜活真实，所有的兴趣和情感都被激发出来了，他对生活的真谛也有了更深刻的认识。

◎伊顿校园一角

第二章

教师的培训

　　我承认自己对教师培训有一些疑虑，觉得该项工作和口才训练差不多。教师培训的关键是了解教学内容的主题，同时培养活泼、亲切、有效的性格。我认为教师的工作是一门艺术，仅凭示范和演示是掌握不了的。要把一个人培养成老师，却不让他面对真实的授课班级，仅仅封闭在孤立的研究环境里，遇到问题时得不到协助和指点，除了自己没有任何权威可以仰仗，那无异于在陆地上教人学游泳。除了那些高端任务，不管知识有多深奥，相对于实践而言都是次要的。虽然懒散轻慢之人或许巧舌如簧、善于辞令，有可能成为所谓的好老师，但是毕竟为人所不齿。事实上，教师的知识越渊博，越无法对学生的各种疑难感同身受，无法认识到自身无知程度的可能性也越大。

　　教师要把全面的知识与无尽的耐心和同情心完美地结合在一起。如果能始终让学生保持兴趣和快乐，能够理解学生在学习能力方面的微妙差异，因为有的孩子学习比较吃力，有的则得心应手、游刃有余，那么这样的教师就能对班级发挥更大的积极作用。知识极为广博的教师可能在大学讲堂里有出色的表现，而在中小学却会遇到管理和训诫的难题，他们可能见识过优秀教师的精彩课堂表现，但在教学实践中面对自己的学生时，很可能不能掌控课堂，无法充分抓住学生的注意力，所以无从施展学到的教学方法。

　　此外，教学活动是一种即时的多变过程，这也是最突出的一个特点，所以教学方法一定在很大程度上体现出特异性。任何人都不可能禁锢在僵化的模式中。有的教师善于快速的互动问答，有的则精于陈述讲授。如果要激发孩子的兴趣，调动其积极性，这些本领就不太重要了。真正高明的教师应善于在课堂上进行细致观察并找到问题的症结，这正是教师培训的一项重点任务。因为在挑剔的旁观者面前，有太多的一流教师上课时没有条件施展才华、显露锋芒。

本人认识这样一位教师，校长每次进课堂听课时都对他的授课留下深刻印象。那位教师博学严谨、才思敏捷，他的提问切中要害，讲解明晰透彻，但是有一点校长却不清楚，正是校长大人的在场才使得课堂秩序井然，学生们才变得规规矩矩。若是在平时，教师一定在徒劳地维持着课堂纪律，根本没有时间进行有序的授课活动，那种给人印象深刻的表现只是昙花一现，校长不出现就没有机会见到了。

就培训而言，英国公学里的学生实际上已经被培养成了"老师"。

◎从皇家温莎堡鸟瞰伊顿公学

他们上过很多课程，见识过很多老师，能在一定程度上区分教学方法的优劣。

教师的一项重要任务是培养学生的思维能力——引导他们进入一种思维框架，以便能自主吸收消化知识。教师不能像钉钉子一样硬性灌输，而要使学生把学到的东西内化为自己的知识，这才是教学的主要目的。听说有这样一位优秀教师，他几乎不在疑难问题上纠缠，而是激情洋溢地讲授知识，高度强调学习内容的重要性，给人的感觉是他所讲授的内容从别的途径根本无从获得。其结果是学生们始终保持着兴奋的期待状态。老师所讲授的内容不仅在考试中得到验证，而且把学生的注意力吸引到课程内容上，很好地调动了学习积极性。

我的本意并不否认经历过一段时间培训的教师是有优势的，但要强调的是培训不可能造就真正意义上的好老师，我们要看培训的实际效果如何。培训工作可能让入门者粗略地知晓怎样起步，但是聪明人能认识到纪律的重要性。他知道自己面对的孩子原来一定是无知的、没有悟性的，只要调动其学习兴趣，他们将进步飞快——教师必须独立完成特定章节的授课任务，他在一周实践中的积累远远胜过其在师范院校里几个月所学到的东西。

我一直认为要求高水平的老教师对开始进入公学任教的年轻教师进行指导的制度很好。前辈应到新人的班里听课，并偶尔为其进行教学示范。仅就教学方法而言，我一定能在半个小时内把自己的妙招儿尽数传授给后辈，那些经验已经证明都是非常有效的。

提高自主性和主动性应该是教师需要的最好训练。如果发现某一插图或故事有助于教学，教师就应记录下来以备日后之需；阅读应求广而不求深，这样才能积累足够多的生动资料。在培训阶段，要允许他们进行大胆尝试，使其懂得枯燥单调的教学模式很快就能削弱学生的注意力；促使新教师精心设计教学环节，追求精练简洁，舍弃繁杂枯燥的课业内容。只有通过实践，只有真正了解学生，教师才能真正掌握教学的要领。我坚信自己身上的一种品质很实用：极易喜新厌旧。我认为这是为人师的重要素质。我们可以想象得到，如果教师自己都难以忍受枯燥单调的课堂氛围，那么课堂无疑就是孩子们的地狱。

教育工作不是也不可能成为纯科学性的工作。它是人与人的心灵碰撞，与人们日常交流有着相同的规律性。教师必须保持身心的活力。不论教师竭力灌输的是不是枯燥之极的内容，沉闷、倦怠、消极的人不可能在学生幼小的心田里留下深刻的印记。

这里还有一个误区。我认识一批德高望重的教师，他们谨守的观念是只向学生传授那些明智之人理应感兴趣的知识。可是现在心思明净的人很少。我发现和学生一起坦诚探讨老师感兴趣的内容才是激发学生热情的唯一办法，而教师则不必考虑自己该不该喜欢。我们必须认识到学生们不会始终顾及老师的喜好是什么，所以这种办法不一定总成功，但一般会有不错的效果。然而若要利用师道尊严那一套规范课堂教学，那么学生们最后一丝兴趣和热情就会被消蚀殆尽了。最重要的是，为师者必须持有诚恳的态度。如果教师一直辛苦灌输的内容连自己都不相信，那就很难让学生信服。

最后，如果可行，在任教一段时间后，比如一年左右，青年教师积累了一定经验后，再安排他们进行几周的短期进修培训。我特别支持这种很有意义的做法。因为他们已经知道了自己的短板是什么，也对实践中遇到过的问题有了一定的认识。他们会谨慎地对待每一堂课，注意讲课方式，认真设计课堂提问，工作热情可能有了一定提升。他将认识到经历许多挫折的必然性，而前辈的那些成熟技艺不是能轻易掌握的。

第三章
纪律约束

　　教师应该有能力维持纪律。如果没有这种能力，或者不能学会如何维持纪律，那还不如去扫马路。假如教师经常受制于一群男孩子，那会很伤自尊、使人蒙羞。学生对软弱的老师没有慈悲心肠，糟糕的局面绝不会触动他们的内心。一位朋友讲过这样的故事：他所在的学校里经常有资历不凡的学者型教师来班里上课，可是他们连表面上的课堂秩序都无法维持。学生们在上课时肆意讲话，教室里书本满天飞。每到铃声响起，整班学生都不由自主地冲向教室门口。老师见状也起身冲过去用后背顶住大门。据老师说，一些学生不是故作姿态，而是觉察到情况不妙，决定努力制止混乱场面，他们等在教室外面，恳求同学们能守规矩。可是无人能抵得住当时的冲动，上课五分钟后，那个急于争取安宁秩序的学生却在忙着玩游戏——把鹅毛笔连成一串，又像清洁工推扫帚一样推向对面的同学。

　　学校里还有相似的情形。年级主任命令一名严重违纪的学生前往导师那里接受训导。当时老师正在批改作业，那名学生把一只榛睡鼠扔进了他的领口里！"我怎么知道老师不喜欢小睡鼠呢？"男孩很委屈地辩解，可怕的眼神中流露着不服气。

　　这类故事都是千真万确的，并非凭空杜撰。每位青年教师一定要想到自己很可能成为此类恶作剧的受害者。另一方面，很多教师在工作伊始同样不顺利，却能在维持纪律方面进行改进。他们像艾菲索斯竞技场里和凶猛野兽搏斗的圣徒保罗一样，敢于面对教室里的那群小魔头，并且取得了胜利。在一个完全失控的班级里恢复秩序绝非易事，但随着时间推移，教师又会接手新的班级，这时便有了经验。我觉得英国的男孩子在纪律性方面与别国的孩子有所不同。他们的独立意识很强，同时又不肯接受严格的约束，他们不是不喜欢强权压制，反而极其推崇铁腕政治。他们也很愿意模仿他人。假如老师能够不惜任何代价降服带头闹事者，那么其余的学生就会跟着俯首帖耳。另外，严师的名声一旦在学生中流传开来，对学生的管理就没有什么困难了。学生对这样的老师一定心存敬畏，绝不敢调皮捣蛋。

我们很难界定哪些品质能使别人俯首听命。独特的人格魅力当然能使从教之路顺畅。教师必须清楚自己的目标追求，要有不达目的不罢休的决心。但是一味地严加管束不足以解决问题，教师还必须有幽默感。随机应变不失为有效之举。由于男孩子特别讨厌在众人面前丢人现眼，只要不是过于尖酸刻薄的言语，一些旁敲侧击的嘲讽也是有效的手段，但是教师一定要出于善意，否则还是慎用为妙。教师应具备的另一项素质是能不失尊严和风度地发脾气。无论孩童还是成年人，几乎所有人都不愿意惹人生气。教师动怒时要有所克制，不能过分。我认识一位教师，他的脾气虽然很暴躁，却能完全加以驾驭和控制，人们好像从未见过他有过大肆发作的时候。他有着摄人心魄的严峻神色。如果发生了什么令他恼怒的事情，他会紧绷嘴角、眉头紧锁，一言不发地坐在那里。学生们深知那种神情意味着什么，都明白最好不要招惹老师发火。一般来说，当场处置学生的违纪问题不是明智之举；如果暂时进行搁置，让学生听候发落，他不知道会受到何种惩处，其心情必定忐忑不安。在这种情况下，教师的训诫或惩罚明朗后，学生心中常常产生一种如蒙大赦的心态。此外，单独的一名学生通常很明事理，但在伙伴面前则不一样，他的颜面需要兴奋刺激的因素来维系。这是一种本能，近似于"人来疯"的表现心理。

　　教师应尽可能克制上面提到的消极情绪，综合运用宽容、赞许和欣赏等的积极态度，这样才能体现出更有价值的素质；通过由衷的笑容、和蔼的态度，通过表扬进行责备也是很有效的手段。我见识过一位老师在严明纪律要求时的优异表现。他对坏脾气的孩子只说了一句话就消除了以后的隐患："斯密斯同学，这一次我们没有看到你该有的最佳状态。"那孩子的气焰便收敛起来。

　　我们要记住一点，近些年很少出现管束学生的难题。我个人以为其中的主要原因是学校中开始出现一种令人欣喜的人际关系。教师不一定是引路人、哲学大师或良师益友，但也不一定就是学生的天敌。

　　我不相信惩戒会有什么好作用。事实上，挥舞大棒的教师恰恰显示了自身的软弱无能。即使轻微的惩罚也会造成不满情绪，最好的办法是先给予几次警告，然后再严格处理。只有那些故意的违纪情况才有必要惩处。虽然体罚的效果是存疑的，但在我的学校里，助理教员不会放弃体罚学生的做法。我很少听说体罚是某个场合必须动用的手段。个别时候，我可能很想责罚犯错的学生，但是绝不会因为下不了手而后悔。我认为彻底禁止体罚学生是不现实的。的确有一些非常淘气、心地不善的孩子，他们总喜欢惹是生非，应该通过惩戒帮助其变得成熟，但是最好由校长全权负责实施。

　　我的经验是在每学期之初，对每个新生班级进行一次小规模训话，讲明具体要求，明确规则，坦诚地告诉孩子们我将会尽力做好本职工作，同时也期望看到他们的最佳表现。我会首先声明不会体罚学生，但是在必要的时候，他们受到的可能是一辈子都忘不了的惩罚。最后还要说师生之间必须先做朋友，并希望成为终生的朋友。

　　在纪律教育方面滥用感情无疑也是错误的。孩子们应该清楚通常的规则和纪律。有一位非常失败的教师曾向同事炫耀他有特殊能力，自以为一旦得到发挥就能解决问题，并且屡试不爽。"我用手指着犯错的小子厉声责问，如果他的母亲亲眼看到他的表现会怎么想啊。"幸运的是多数同事都幽默地给这位无能的教师留了面子，但是没有对这种做法进行批评是所有教师面临的难题。很多教师对学生管教苛刻，觉得没有纪律就无法开展工作。我知道有的人很善于利用惩罚的震慑作用使他人俯首听命，有的人则从来不会严格要求别人，只要没有公然捣乱就心满意足了。我们应认识到，上课时学生在角落里打盹或者摆弄手表之类的行为是在挑战老师的权威，如果坐视不管，权威必然受损。

　　另一种纪律要求可以形容为家庭式的规矩。班级里应该体现家庭氛围，规矩越少越好，但要从心底里遵守那些规矩。作为一家之主的教师应该尽量摒弃专横的作风，要有慈父般的态度。他应该是随和友善、善于沟通交流的家长。老师出现在教室里的时候不会造成任何学生的惊慌。教师出现的理由不应该是监视和看管，而是要让孩子们感受到明显的善意和关心。既要委托优秀学生行使尽可能多的权力，又要提出要求：在没有征得导师允许的情况下不得体罚其他同学。我曾一度认为任何形式的体罚都应禁止，但是有一件事让我迟疑了。当时一名非常认真负责的年级长向我报告，说他处理了三名在晚课上捣乱的学生①。"我知道您不喜欢那样处理，可是没有办法。我劝过他们，可是他们一离开视线又开始胡闹。我不能置之不理，转身走开向老师报告，所以必须要教训他们一下。"自此以后，我便默许了偶尔的体罚，但仍坚持在动用体罚手段前尽可能弄清缘由。孩子们是通情达理的，假如有一名学生向年级长提出异议，认为舍监老师才有处罚的决定权，或者投诉受到过当处罚，那么教师就难辞其咎，所以我们很容易理解教师应当发挥什么样的作用。

---

① 捣乱的学生，伊顿公学等学校规定违纪学生要接受藤条鞭打的处罚。

第四章
教学活动

　　每位教师一定有自己独到的教学方法，所以很难给教学活动制定标准化的规程。教师首先要有耐心。虽然说起来很容易，但是有很大的修正余地。要意识到学生们对教师已经掌握的大量知识可能一无所知。性情平和的人容易陷入一种漫不经心的状态，其结果会导致学生的倦怠，使他们不能通过自己的努力独立克服学习中的困难。老师如果轻易说出"我解决不了这个问题"，如果认为能在课堂上写出一串单词就足以证明学生已经进行了充分准备，那么很多学生就会认为老师很容易糊弄，可以事先准备一堆表面上类同的简单词汇，但不会在课程内容上多下功夫。学生们在学习过程中如果遇到困惑，教师必须加以区分，有的勤奋好学，有的却好逸恶劳，因此要巧妙地运用不同对策。因此，教师最好能严格要求，做到言之有理。

　　其次，教学过程中应做到干脆清晰、果断明确。每当那些反应迟钝的孩子发现书本上的内容让他无法理解，理由是赫尔曼老师讲的是一种意思，施内德老师却有另一番解释，教师如能及时指点迷津并得到学生的认可，这无疑是对教师的最大奖赏。

　　我认识一些著名的学者，他们在教学时过于谨小慎微、犹豫不决，甚至当众求助于辞典。虽然那是一种严谨的探究式教学模式，但是其效果却大打折扣。即使偶尔出错，教师也要表明态度，最好能做到明确果断、不容置疑。这一原则当然不适用于高年级或能力较强的学生，更不适合小班型的私下辅导课程。但是该原则在面对能力有限的学生还是必要的。不管使用什么方法，教师必须解开学生的谜团。如果学生能从课文注释中得到启发，自然会明白国外作者都有非同一般的文字功底，他们有可能表达任何意思，读者也可以进行不同的解释，所以教师在关键时刻一定要给予明确的指引，绝不可含糊其辞。在当前的教育体制下，很多孩子不会理解作者写作之前早已胸有成竹，其表达方式完全出于自然，而理解难度在于我们没有完全熟悉他们的语言，没有形成外语的直觉。对于这样的学生来说，能学会准确判断无疑是真正的收获。

另外，有的男孩子很精明机敏，经常故意刁难老师。他们能利用机会展现才智和精力，如果认为老师没有充分掌握授课内容，他们就会耍小聪明，故意提出一些貌似弱智的问题，这就有可能暴露老师的知识缺陷。教师在这种学生面前必须表现出决断力。

课堂教学或多或少具有戏剧表演的性质。我们都能从中发现趣味性和娱乐功能，同时要完成特定任务。我们在课堂上应尝试多种教学手段，比如使用黑板，适当采用幽默搞笑的形式，讲一些奇闻逸事，研究探讨一些专题，或者点评时事。学生们上完课后会觉得既准确掌握了知识，又生动领略了成熟头脑的风采。厨师决定加入什么、加入多少食材和调料才能使一锅大杂烩美味可口。教师同样要依据个人品位和才智安排授课形式和内容，并使之有机结合。教师可能被学生的无知问题引入歧途或偏离主题，所以必须保持清醒，做出敏捷的反应，识破别有用心的学生的诡计，同时要对何时化解师生间的对立态势作出快速判断。学生对老师连续的提问和要求都有一种抵触心理，他们要么故意回避，要么用严肃的表情和低垂的目光加以伪装掩饰。这些伎俩有时的确能骗过最精明的老师。我相信多数孩子都有一定的商业头脑，算计付出的学费是否物有所值，所以他们很善于权衡利弊得失。我听到过学生抱怨老师上课时很有意思，可是下课后却发现他们好像什么也没听懂，什么也没学到。我们应尊重学生的个性发展，保证教育的多样性，但是完全没有必要以此为借口放松纪律约束。我们可以用例子说明教师对差异性的重视程度。学习希腊语中的不规则动词是令学生们挠头的科目，但是教师可以针对不同动词的变化进行快速提问，如果学生能准确回答，便可以得到奖励加分。教师向班级报告学生所得的分数后，就可以在学生中形成一种竞争氛围，从而调动他们在其他方面的竞争意识，使其努力达到明确的目标。如果要让学生掌握希腊语条件句之类的复杂语法问题，教师可以先进行精确讲解，然后给出不同的例句，结合一些必要词汇，然后要求学生现场进行笔头练习。为了争取在最短时间内让全班同学都能正确完成教学目标，教师可以继续安排难度较低的相关活动。在这种情况下，即使是成绩最不好的孩子也会产生强烈的学习热情，并沿着正确的方向取得良好的成绩。

有一些教师会向学生提出大量问题。如果班型比较大，只有那些近乎天才的学生才能配合老师保持问答环节一定的效率，这样才能使所有学生保持始终如一的专注度。另外，如果激发出必要的竞争意识，教师则需要付出大量精力把竞争控制在合理范围内。我认为可以在小班里多利用问答形式，而在大班型的课堂上，以讲授为主并穿插提问的形式更有效果。教师的特质仍然要发挥作用。如果教师能精心设计问题，就能调动学生的好奇心，进而使问答环节变成活跃的多个回合的智力游戏。能做到这一点的无疑是好老师中的典范。可是工作中能才思敏捷、如鱼得水的人毕竟是少数，智商超群、应对自如的孩子也不多见，所以课堂提问很容易演变成教师和个别反应快的精英学生之间的游戏，大多数学生只能懵懂地旁观，成为不知所以然的局外人。

某些教师过分重视课堂问答活动的作用。据说一位知名校长坚决要求所有学生必须立刻回答老师的提问。比如他会问到狄更斯的《荒凉山庄》提到的非洲地名"Borrioboola-Gha"，学习吃力的学生只能跟着好学生大声附和，表面上的积极表现和热闹气氛掩盖了部分学生的实际问题。我再举一个例子，有一名体育突出的学生在夏日的课堂上昏昏沉沉地打了个盹，清醒后恰巧赶上老师说话的停顿间隙。按照以往的惯例，老师提过问题后会等着大家一起回答，所以这名学生马上大声喊了一句什么。他不是故意捣乱，而是想掩饰睡觉的事实，证明自己处于清醒状态。可是老师刚才却没有提问题，因此同学们都惊呆了，教室里的空气犹如凝固了一般。该学生由于公然违纪立即受到训斥，以后再也不敢随便开口回答老师的提问了。课堂秩序虽然得到维护，可是高声回答问题的主动性和积极性却没有了。

顺乎自然、轻松自如的氛围一旦缺失，课堂教学的活力也就受到损害，这是不言而喻的。教师一般对授课内容应表现出热情，但不应羞于流露个人的兴趣所在，不应只满足于向学生一味灌输过多的繁杂信息。正如卡莱尔[①]先生所说的，学生肯定不会喜欢呆坐在教室里，被动地聆听老师滔滔不绝地讲述柯勒律治的诗歌。授课时不矫揉造作是保证教学效果的一项必要条件，所以教师需要能保持自然本性，它和谦逊的品格一样是难能可贵的美德。

很多教师有一种习惯，他们在文学课上分析作家时，无一例外地给予很高的评价，所有作品都有价值，所有作家都魅力十足。我认为这就是一种矫情做作的表现，这种授课风格最直接的功效就是摧毁学生的文学鉴赏能力。我不认为教师有很强的倾向性是坏事。弟子们在评价他们的导师阿诺德[②]博士时说他本人对古罗马历史学家李维[③]的态度达到近

---

① 卡莱尔（Thomas Carlyle, 1795—1881），英国评论家、讽刺作家、历史学家。他的作品在维多利亚时代甚具影响力。代表作有《法国革命》《论英雄、英雄崇拜和历史上的英雄业绩》《过去与现在》等。

② 阿诺德（Matthew Arnold, 1822—1888），英国近代诗人、评论家、教育家。曾为牛津大学奥里尔学院研究员。最著名的诗作是《多佛海滩》，主要表现维多利亚时代的信仰危机。其他代表作有《文化与无序》《文学和教条》等。

③ 李维（Titus Livius，前64或前59—17），古罗马著名的历史学家，他写过多部哲学和诗歌著作，但最出名的是他的巨著《罗马史》（原名为 Ab urbe condita，意为"自建城以来"）。

乎仇恨的地步。我觉得教师应该随时准备坦承自己对某位作家的真实态度，并且直接给出个人理由，同时要承认哪些是纯粹的个人观点。教师不要担心在学生面前直言不讳是否得当，比如古希腊的历史学家修昔底德①既有超凡的品质，也有恶毒的一面；教师可以大胆指出古罗马诗人奥维德②的作品在流畅性上的不足，贺拉斯的诗歌表现了对美好意境的背离，欧里庇得斯③作品中展现的简明风格，等等。教师要能够大方地尽情赞颂荷马④的英雄史诗、维吉尔的感伤诗句、色诺芬⑤的生动故事以及贺拉斯作品中的清新韵味。

  教师此时表达的内容影响重大，孩子们有机会鉴赏、比较不同的文学风格，进而开始形成个人的价值取向，并找到那种取向的根据，不论他们的取向是否渺小。让孩子们盲从轻信肯定没有多大的意义，如能帮助他们变成有主见的人，养成独立思考的习惯，那么教师的工作无疑更

---

① 修昔底德（Thucydides，前 460 至前 455—约前 400），古希腊历史学家、思想家，以《伯罗奔尼撒战争史》传世，该书记述了公元前 5 世纪斯巴达和雅典之间的战争。

② 奥维德（Ovid，前 43—17/18），奥古斯都时代的古罗马诗人，与贺拉斯、卡图卢斯和维吉尔齐名，一般认为奥维德、贺拉斯和维吉尔是古罗马文学的三位经典诗人之一。罗马帝国学者昆提利安认为他是最后一位一流的拉丁爱情诗人。

③ 欧里庇得斯（Euripides，前 480—前 406），与埃斯库罗斯和索福克勒斯并称为希腊三大悲剧大师，他一生共创作了 92 部作品，保留至今的有 17 部。对于欧里庇得斯的评价，古往今来一向褒贬不一，有人说他是最伟大的悲剧作家，也有人说悲剧在他的手中衰亡，无论这些评价如何反复，毋庸置疑的是欧里庇得斯的作品对于后世的影响是深远的。

④ 荷马（Homer，约前 9 世纪—前 8 世纪），相传为古希腊的吟游诗人，生于小亚细亚，失明，创作了史诗《伊利亚特》和《奥德赛》，两者统称《荷马史诗》。目前没有确切证据证明荷马的存在，所以也有人认为他是传说中被构造出来的人物。而关于《荷马史诗》，大多数学者认为是当时经过几个世纪口头流传的诗作的结晶。

⑤ 色诺芬（Xenophon，前 427—前 355）雅典人。军事家、文史学家。他以记录当时的希腊历史、苏格拉底语录而著称。

有价值。有责任心的教师可以认为维吉尔的诗作应该得到所有人的欣赏和敬佩，但调动学习热情的作用却不明显。假如老师在前一天对修昔底德的矛盾风格言辞犀利地批评了一番，第二天又宣称维吉尔是世界上最伟大的作家之一，这样的教师立场鲜明，一定会令人刮目相看。如果所有人都能看得出来老师毫无见地，甚至对维吉尔没有丝毫的仰慕之情，这就说明教师可能需要进行自我调整。无论后人如何评价，维吉尔还是维吉尔。

我在听课时，一位老师的话说得很好，"你喜欢还是不喜欢都不是问题，千万别说什么都无所谓"。

第五章
工作任务

　　我们谈到工作时要从两个角度来审视其意义，一是学生，二是教师。

　　第一，我非常认同一点，要让孩子们对学习任务有清楚明确的认识。一般来说，懒惰并非小男孩身上的毛病，他们尚未开始考虑特定工作的真正意义，而且也不愿被束缚。如果他们出现怠慢作业的倾向，我们通常会从更有吸引力的事情中找到某种起反作用的原因。容易懒散的学生一般具备一定的能力，他们可能因为某些兴趣爱好而影响了日常学业。为了克服低年级学生的懒惰问题，最好的办法是把作业简化成一项强制性的任务。但是随着年龄增长，孩子们开始质疑作业的用途。明智的对策是直接告诉他们：不可能使所有人喜欢所有的工作，但是对于自己分内的工作，即使没有兴趣也应做好。教师需要指出人们来到这个世界后一定要有事情做，而且那些工作很可能是他们不喜欢的。无论做什么，无论多么不情愿，都要凭着良心做好每一件事，每个人都应该养成这种习惯。教师要交代清楚诚实劳动的道理，而且教师自身也要做到诚实。如果诚信不能成为充分理由，那就有必要回归到最朴实的道理上。尽管显得不够聪明，但教师的职责就是必须提出这方面的要求。另外，教师工作的出发点应该是尽可能地让学生远离一切不必要的麻烦，并且要让学生明白这一点，同时希望他们无论做什么，都能尽其本分回报老师的良苦用心。我发现孩子们能够理解这些道理，而且此番教导的实际效果也确实不错。

另一方面，许多孩子不会完全抵触那些真正挑战智力的作业，所以教师应努力布置一些考验脑力的作业，不能满足于那些重复抄写之类的机械性任务。

我在这里要特别提到背诵的问题。背诵性的任务对于那些文字记忆力很强的学生而言没有难度，可是对别的学生却是一项既耗时又费力的苦差，成为高难度的作业。我认为要求孩子背诵经典篇章其实是错误的，除非他们已经具备超凡的学习能力。如果课程设置中规定了必须背诵的内容，我们可以尽可能降低难度，允许能力较弱的学生根据原作的英文翻译提示说出原文。背诵活动易于提高记忆力，所以背诵英文诗歌的效果还是不错的。很少有学生不想把自己的母语学好，让他们背诵大量的英文诗歌则是学好语文的好办法。在我看来，背诵经典的目的不是为了记忆，更不应该当作惩罚学生的手段，其根本原因在于背诵能够扩大学生的词汇量。

第二，我们从教师的角度如何看待工作。世上有九成的高尚劳动都是费神费力的，这句至理名言经常被人曲解，似乎人们付出的辛劳当中有十分之九一定是高尚的。实际上这是一个十足的伪命题。校长们应想到勤和能的问题。我深信教学工作中必须付出的辛苦劳动应该越少越好。教师要尽可能地摆脱那些无用功和不必要的辛劳，这是教师应主动承担的一项责任。

我们一定要辩证地运用这一原则。在那些敬业人士的眼中，这一原则显得过于拘泥形式。我接触到很多教师，他们沉浸在批改作业之类的工作中无法自拔，结果是丧失了头脑和精神的活力，也牺牲了阅读和扩充知识的机会。他们把大量时间用于批改作业，并从中得到些许成就感，可是对孩子的成长却没有丝毫益处。

学生一定要看到老师标记出的错误，也一定感觉到老师认真检查过自己的作业。教师一旦沉溺在对学生无益的批改作业之中，实际上他本该担负的职责就中断了。这并不意味着教师可以不认真履职而把时间用在消遣娱乐和体育健身方面。但如果教师常常陷入毫无创造性的琐事杂务之中，那么这种体制往往是有问题的。任何好的制度绝不会把教师捆绑在没有创造性的事情上。

很多学校都会向学生布置书面作业，在校内完成后上交老师，大概几天后发还。学生的思维本应是非常活跃的，但这种常规做法中却被无情地蓄意牺牲掉了。几乎所有的孩子都在做同样内容的作业，比如拉丁散文阅读或翻译。他们有一种焦虑心态，担心自己会犯错误，不知道如何翻译，等等。他们的心思会用在如何满足老师的要求，但是耗费在这种活动上的大量时间能浇灭孩子们的学习兴趣，使之产生畏难情绪，不利于自信心的培养。

我认为教师有必要在学完每一课时，利用几分钟总结一下课程内容，要求学生尽量清楚他们出现的错误，甚至可以向学生说明一点：他们的成绩高低在一定程度上取决于自我纠错能力。然后教师再重新检查学生的作业情况，如有可能，和相关学生一起批阅，其效果会更好。这种做法不仅提高了工作效率，而且极大提高了教师工作的价值。如果重视教学的实际效果，教师更会意识到孩子们其实对功课和作业能产生兴趣，而且一旦主动性得以调动出来，人们便不在乎付出多少时间。那种令教师身心俱疲、对学生毫无益处的工作才是最可恶的。

教学工作当然很辛苦，而且其辛苦程度一定非同一般。许多教师都知道，在分析课文期间穿插一些写作练习可以减轻工作强度，办法是要求学生按照分析课文的思路进行书面写作训练。但是之后的文章通读环节上可能付出更多的努力，所以不辞劳苦的老师经常放弃这种安排。我认为对学生的课文学习情况只需要进行大略的检查，其目的是让学生不逃避学习任务。我们应该用轻松的方式完成更多的写作训练，而且会发现那能收到令人满意的效果。

另外，教师有责任用较短的时间细心检查所有的书面作业，这是从过去延续下来的做法。那时的学生每周要完成一两篇写作练习，并且尽可能写得完美。我现在仍认为每周应该布置一次高标准的书面作业，并力求学生达到较高的文学水准，从而增强学生的"写作者的美妙成就感（如霍特里博士所言）"。其他的写作练习需要安排得量大又简单，不应一味强调精美。

以前的一些校长在作业检查方面显得一直很不认真，但是他们能比别的教师培养出更多的好学生，我认为这是他们成功的一个原因。校长的办公桌上常常有一大堆作业本；他们会找来一名学生，随意抽出一本作业，然后单独进行半个小时的精彩讲解。许多作业本根本没有翻看过，可是那名学生却得到充分的练习机会。如果校长认为有必要认真检查批阅每一本作业，那么每名学生的差错只会得到教师一两分钟的关注，其效果可想而知。

教育的目标之一是发展学生的智力，许许多多的教师都非常认真负责。他们只满足于完成枯燥的机械式任务，容易忽略发展学生智力的目标。正如教师们常讲的那样，"我们就是一群高级监工"。

此外，我特别支持学生记笔记，因为这种实践有助于学生捕捉要点，提高速记能力，而且能平复少年的躁动情绪，磨炼其耐性，否则他们就会把精力发泄到别的地方。记笔记恰好可以使孩子们变得安分一些。如果在那里呆坐一节课，除了听课没有别的动作，孩子们一定会焦躁不安。但是许多教师不敢鼓励学生记笔记，原因是他们很头疼事后检查笔记的庞大工作量，那是强加到他们头上的苦差事。可是每次只抽查几本还是可行的。教师可以进行粗略的浏览，写几句简短的鼓励性评语，这样就能让学生满意了。另外，教师可以从笔记中窥见学生的内心活动，所以同多数课堂活动相比，记笔记更有意思。

我的结论是，教师要与时俱进，始终让自己保持新鲜活跃的状态，这是一项基本责任，而不能自我放纵，迁就自己。教师如果放任自己陷入无穷无尽的机械劳动，不仅不值得提倡，更应受到谴责。

额外一点，我为立志成为教育家的校长们，提出一些个人的教育活动清单：

1. 每天都要走访一个班级。制作一张列有全体教师名字的清单来确保你走访到每个班级。如果不能在上课时间走访，就安排在上学前或放学后。如果无法一天内走访完所有教师的班级，按清单顺延至第二天。

2. 关注每名教师的教学情况。至少为 5 名教师写下与教育直接相关的评语。使用积极的、具体的语句，如此直到你为每名员工都写过评语。确保评语个性化，因为教师们必然会在午餐时间互相交流评语。

3. 每天至少表扬 5 名学生的学习成绩。确保每条评语都积极、个性化且具体。可以通过口头、书面或致电家长的方式传达喜讯。当然，为了做到这一点，你需要走访更多班级，与教师和学生交谈并观察学生作业。

4. 记住每个学生的名字，在走廊、运动会、音乐会或餐厅相遇时叫出他们的名字。如果不行，就每天记忆 5 个学生的名字。把学生姓名分组记忆。了解学生家长的名字。如果不了解学生的为人、表现、班级和个人需求，便无法跟踪学生的成绩进步情况。

5. 高效及时地帮助员工和学生解决矛盾。强调为了全体学生的总体学习目标协同工作的重要性。可以从你的个人关系开始。如果在教师中有人最近和你有过矛盾或不愉快，告诉他你很想与他们谈谈并希望为学生修复裂痕。如果家长中有人曾与你沟通不良，那就找机会与他们分享一些积极的事（比如：关于他们某个孩子的学习成绩等）。也许你会问："如果他们孩子的成绩最近没有任何进展怎么办？"那就思考怎样和教师一起努力让孩子取得进展——哪怕是一丁点进展。

6. 支持教师对学生的纪律管理。对管带刺头班级的教师表示肯定。赞扬他们的管理能力并询问他们是否需要帮助。将这份责任看作所有人取得成绩最根本的基础。

7. 保证教师获得足够的培训、资料和时间。尽量减少内部沟通带来的干扰。询问教师需要自己提供何种帮助来提升工作效果，还要及时跟进需求。

8. 与每位教师计划一次辅导。亲自讲一堂课并让教师听课，然后安排时间探讨如何改善教学方法。在辅导中将关注点从教师身上移到你自己身上，能获得惊人的成效。

第六章

智　育

我们不得不承认英国公学的智育水平并不高。更为严重的是，我看不到任何提高的趋势。我将在其他章节另行论述体育教育的目标，但在这里需要声明的是我无意批评有组织的体育活动。实际上，重视体育有很明显的益处。但是我希望看到多项兴趣的协调统一。我确信公学的老师们都有强烈的愿望——既要把孩子们培养成好学生，又要使他们健康成长，但老师不在乎学生的智力发展，认为顺其自然就可以了。许多教师把学生的功课视为其责任。换言之，教师不是从智力方面，而是从道德角度看待这一问题。当然，公学必须在一定程度上反映国家的教育发展趋势，而国家却不一定把重点放在智力发展上。

在我看来，国民主要看中两种理想目标能否实现：一是成功与否，很多情况下等同于财富的多少；二是阳刚之气，包括户外运动能力和综合素质的培养。从学术角度讲，英国的民族理想似乎是希伯来体系和斯巴达体系的混合物——既要实现国家富足，具备一定的道德水准，又要体格威猛，可是雅典人所追求的较高的知识能力似乎被彻底忽略了。我不否认优雅的言行、国民的富足和身体的强壮都很重要，可是我不理解智力为何被排除在外；不管其他国家的情况如何，英国公学应该始终重视较高的智力水准。

对于学生的人生理想而言，我们的教育过于迁就低标准，只要孩子们在道德上能合乎要求，外界便抛开智力，所以男孩子的奋斗目标就是获得成功、身体强健。人们早已普遍远离了对知识的追求，所以在探讨知识追求时很难没有误解，认为那是卖弄学问或者迂腐道学的表现。人们把智育和学习活动混为一谈，认为知识分子只会空谈书本。我的朋友提到一位聪明的女士时，精彩地总结了当今的人们如何理解知识的力量，"虽然她非常聪明，但一点也不令人厌恶，所以我才喜欢她"。事实上，如果处于轻视知识的氛围当中，某些人一定会显出学究气或者傲气，这样他们才可以理直气壮地讨论别人不感兴趣的话题。

智育的目的不是把每个人都培养成文学名士或大师。文学只是知识生活中的一部分内容。智育应该着眼于发展个人兴趣、评判能力和专业方向。我们不能为了打发无聊的时光而沉溺在打桌球或玩桥牌之类的室内活动，也不应一味贪图户外活动的乐趣。我认为有知识的人要对各种思想保持敏感的头脑，他的兴趣一定很广泛，包括政治、宗教、科学、历史或文学等方面都有涉猎。他有强烈的求知欲和自知之明，如果没有机会发表意见，他会安心倾听他人之言。他不会受制于某一本新书、一篇分量十足的文章或者外行者不负责任的鼓噪。他不会与世隔绝，更不会目光短浅、心胸狭隘、粗鄙傲慢。

我认为许多孩子自身拥有智慧的种子，很多时候因营养不良而无法萌生、自动消亡了。他们进入公学这样的社会环境后，发现自己的人生道路有了明确的方向，也意识到公众的期望是非常明确急迫的。他们发现自己要完成一大堆任务，可是它们无法调动孩子们的求知欲；孩子们要参加很多课外体育活动，平时的话题也都围绕着体育活动。除非他们对智力活动有着浓厚兴趣，否则其兴趣不大可能在这样的氛围中一直保持下去，因为周围的一切都是十分新鲜的。坦白地讲，各种活动中那些能和智力发展有联系的因素却是老套过时的。如果学生有一个重视智育的家庭环境，那么他的求知兴趣不可能减弱和隐蔽，而会一直保持下去。

我们的确很难改变目前忽视智育的现状。诸如专业社团之类的组织很难完成这一任务，因为孩子们已经参加了太多的社团活动。如果再多参加一个社团就变成不厌其烦的负担。高质量的讲座、报告会和优良的图书馆可以发挥一定作用。我认为教师自身要有学习知识的兴趣，这样才能使学校教育影响国民的价值取向。如果教师始终能与外界同呼吸共发展，经常读书看报，合理利用假期外出游历，广泛结交有识之士，那么他教的学生不可能不受到一定程度的感染和影响，因为孩子们极善于模仿。

记得小时候有一位老师深深影响了我，他就是上面描述的那种人。我猜测他的身上一定有磁铁，所以吸引力超强。他用文学和历史典故为我打开了通往广阔天际的多扇大门。不仅是我，所有学生都以为他的世界远非常人可比，一定更加宽广、光明，更有吸引力。他没有道貌岸然的做派——对于那些没有共同语言的旁人绝不会流露出任何轻蔑；他就是聪明的管家，仅仅把那些或新或旧的宝贝捧出来献给我们，而很多学生都觉得自己非常想得到类似的宝贝。

因此，我不主张教师必须过分追求知识，一定要读好书、拥有远大理想。尽管人们不可能对一切事物都有兴趣，但是所有人都可能对某一件事产生兴趣。我不太关心学校开设什么课程，只要其中能有一个激发热情的闪光点就足够了。

我的经验虽然微不足道，却很有效果，既能证明学生都有很强的求知欲，甚至超过我们的想象，而且能在正常教学工作的范围内调动他们的学习兴趣。我通常在上课时增加一项称为"历史问答"的书面练习，那是关于学校历史课方面的自主性问题。我曾用古罗马帝国的"喀提林阴谋"[1] 为例，要求那些感兴趣的学生按照自己的想法回答问题，无论怎样解读材料都可以。你可以将其解释为同谋者介绍会议内容的一封信件，可以是一篇叙事诗的片段，或者是戏剧中的一幕场景。结果是 30 名男生的普通班里有 8—10 名学生在几周后尝试着给出了不同的解答。我发现一名同学用巴布民谣的风格对题目进行了诙谐（但不都是幽默）的处理；另一名学生改写成了剧本；有的模仿沃尔特·司各特爵士[2] 的

---

① 喀提林阴谋（Conspiracy of Catiline），《喀提林阴谋》是古罗马撒路斯提乌斯创作的历史著作。它记述了罗马贵族喀提林（约前 108—前 62）利用当时社会的不满掀起政变及战败而死的经过。路奇乌斯·塞尔吉乌斯·喀提林是罗马贵族。在保留下来的有关喀提林的史料中，对他的描述基本差不多。一般都认为喀提林出身高贵，但品质恶劣。在阿庇安的《罗马史》中对喀提林及其阴谋有着较为详细的叙述。用阿庇安的话说，喀提林是"一个著名的人物，但他是一个疯狂的人"。公元前 68 年喀提林任罗马的行政长官，公元前 67 年时出任阿非利加行政长官，公元前 66 年返回罗马，后因勒索罪受到指控，因而没有资格参加公元前 65 年执政官的选举。而当选为公元前 65 年执政官的普布利乌斯·奥特洛尼乌斯·帕伊图斯和普布利乌斯·科尔涅利乌斯·苏拉也因在竞选中存在贿赂行为而被取消了执政官的职位和元老资格，这一切引起他们的强烈不满。因为在当时的罗马，通过贿赂竞选官职是司空见惯的事情，只把他们的贿选作为惩戒的目标是他们所不能容忍的，于是这些人同喀提林、皮索等人密谋想在公元前 65 年元旦时在皮卡托利乌姆山上杀死执政官和元老院的元老，但这次阴谋由于喀提林的失误再加上武装的阴谋者的人数不足，最终失败了。这就是所谓的第一次喀提林阴谋。在苏维托尼乌斯的《罗马十二帝王传》中也提到了这次阴谋，但过程却与撒路斯提乌斯所描写的不同。由于没有更多有价值的史料来证明喀提林在第一次阴谋中的作用，撒路斯提乌斯书中重点介绍的是第二次喀提林阴谋，因为这次阴谋的主谋毫无疑问是喀提林。喀提林在公元前 62 年与罗马军队的战斗中战死，加图在公元前 46 年自杀，凯撒在公元前 44 年 3 月被暗杀，西塞罗在公元前 43 年 12 月被杀，当撒路斯提乌斯书中涉及的重要人物先后去世后，约在公元前 42 年时他开始写作《喀提林阴谋》。

② 沃尔特·司各特爵士（Sir Walter Scott, 1st Baronet, 1771—1832），苏格兰著名历史小说家及诗人。代表作有《湖边夫人》《特里亚明的婚礼》《岛屿的领主》《无畏的哈罗德》《昆丁·达威尔特》和《十字军英雄记》等。

笔调进行改编；也有的改写成书信体裁；其他的尝试用小说家哈里森·安斯沃斯①的笔法描述了阴谋参与者会面的场景。我和孩子们一起用心研读那些作业，进行认真评判，也提出一些中肯的建议。我丝毫不怀疑孩子们的浓厚兴趣，并觉得其他的课业形式远远比不上这种作业。它让学生重视作业，同时证明表现最好的人不等于是最成功的。我教过的一名男生可以堪称最棒的抒情诗人，他能写出生动流畅、情致饱满、赏心悦目的英文诗句，却很难看懂一篇拉丁散文，会出现大量理解性错误。如果认定其特长对他没有好处就显得十分荒谬。这正说明当时的课程设计存在严重缺陷，没有给学生的文学热情提供足够的食粮。我们实在是严重低估了孩子们心里潜藏的文学素养。

古典派的学者们顽固地认为必须在学校里保留希腊语课程，主要理由是希腊文的权威性。本人认同他们的观点，但也持保留意见。对于个别学生而言，他们可以从文学欣赏的角度适度研习希腊文，但多数学生能够鉴赏不同风格，能用母语满足学业要求就够了。我也不完全赞同所有的课本都采用英国文学的作品。评论家通常把文学作品解读得过于深奥，没有才气可言。所以我不愿看到教师把欣赏文学的美好过程降格为一门功课，更不希望把学习知识当成接触文学的唯一目标。如果只追求知识，那么头脑会变得混沌、浅薄。我们应该通过用心理解和勤勉苦读的方式锻炼头脑，但是我们在上课时如果有意回避追求知识带来的乐趣，回避男孩子的天性，我觉得是不对的。多年以后，那种做法会被视为可怜的、荒唐的。如果孩子们有抵触，我们不可能指望他们在任何活动中表现良好。教育体制中存在着很多难解之题，其中之一是我们在不遗余力地排斥学习过程中该有的趣味性，结果造成英国公学年复一年地培养了很多这样的学生，他们痛恨知识学习，视读书为苦役，但是各个

---

① 哈里森·安斯沃斯（William Harrison Ainsworth, 1805—1882），英国历史小说家、律师。

都傲气十足、无知透顶。更糟糕的是他们对自己的无知程度根本没有正常的谦虚认识，而是处于一种傲视一切的无知状态，不仅安于现状，而且认为年轻人本应该如此，而有知识、有智慧的人好像没有阳刚之气，都是变态的怪物。

第七章
美 育

　　如果把关于人的一切追求的目的按照一定的观点加以概括的话，那么由此可以明确且肯定地得出结论，人的一切欲求最终只是三方面的：或是安宁和生命的欲求；或是认识和吸收外部世界及外部世界本质的欲求；或是直接表现对内部世界的欲求。第一种主要是宗教的欲求，第二种是自然观察的欲求，第三种主要是自我表现、自我发展和自我观察的欲求。如果把至此所说的一切在这第三种关系上重新加以概括，那么可以发现，数学更多地关系到在内部表现外部，表现人内部存在的一般规律性，可以说关系到从人自身内部表现自然。因此数学也在自然与人之间处于媒介的地位。总之，数学更多地关系到理解并要求悟性；语言更多地关系到表现知觉到和感触到的内部的东西，主要关系到理性并要求理性。然而，对于人来说，要充分表现他的全部本质，不可避免地还缺少一样东西，这就是表现生活，表现内心生活本身，表现直接感受到的东西，表现情操。这第三种表现，即表现人的内心的一面，表现人本身，便是艺术。

　　人的一切概念，除其中之一种外，都是关系的概念，它们只能相对地被严格使用。或者说，一切概念处于相互关系之中，只有在最终的终极点上才必然地相互划分开来。因而，在艺术中也有它触及数学的一方面，即触及悟性的一方面；触及语言世界的一方面，即触及理性的一方面；还有一方面是，艺术虽然纯粹表现内部世界，然而却与表现自然显得一致；最后还有一方面是它与宗教保持一致。然而由于这里只言及人的一般的教育以及至少关于艺术评价的人的教育，因而所有这些关系在这里便不可能一一加以考察了。就眼前这一程度上说，艺术仅仅在其最后的统一中被作为纯粹内部世界的表现来考察和观察的。于是，我们马上可以注意到，艺术，即关于在内部世界活着的东西，关于真正构成内部生命本身的东西的艺术表现，由于它作为内部世界的表现所必须结合的那些材料和素材的不同，它也必然地以各不相同的方式显现出来。

这些素材，作为尘世的现象可以是，或者可以说仅仅是运动本身，但作为耳朵听得见的东西，即产生时便消失的音响；或者主要是眼睛看得见的那些素材，即线与面的现象所产生的如颜色那样的东西；或者主要是在空间上形体上可以感觉到的那些素材，即具有容积的各种物质。正如一再地谈到的那样，由于只存在相对严格的概念，因而这里也与现实世界的一切事物中的情况一样，表现出无数变异和结合的现象。通过纯粹的音响来表现的艺术就是音乐，其中主要是唱歌；通过纯粹的色彩对视觉进行表现的艺术就是绘画；通过物质的造型和塑造在空间进行表现的艺术就是雕塑。作为绘画与雕塑两者结合的中间者表现的是图画，然而图画与绘画、雕刻同样有权利被看作通过线条来实现的纯粹表现。这就是说，看起来，图画主要是属于通过线条来进行表现的东西，绘画主要是属于通过面来进行表现的东西，而雕塑主要是属于通过立体来进行表现的东西。由于图画具有刚才所考虑到的那种媒介性质，所以正如我们在人的幼儿阶段上所看到的那样，事物的描写和描写事物的欲求乃是人的发展过程中很早就表现出来的一种现象。通过雕塑及通过颜色和绘画把自己内心世界表现出来的欲求也在人发展的早期，在幼儿阶段就已经表现出来，在少年期开始时则表现得特别明显。

由此而明确地、毫无怀疑地证明，艺术与艺术心系人类共同所有，是人类共同的素质，因此应当和必须及早地，至少在少年期就开始在人身上加以培育。这样，人在理解和评价艺术作品方面至少变得在行起来，尽管他的精神力量和生命力、他的活动主要也不是倾注在艺术方面的，并因而他本身也不会成为一名艺术家。他将通过真正的学校美育教育，来防止自己在自身内部缺乏真正艺术天分的情况下，自命不凡地把自己当成一名艺术家。因此，唱歌、图画、绘画和雕塑必须通过广泛的、包罗一切的教育和人的陶冶及早地得到重视，及早地被作为正规学校的正式教学对象来对待，而不是被当作一种偶然的、没有内容、没有意义的、可任意处置的游戏性的东西来对待。让每一个学生在某一艺术领域成为一名艺术家，这不是目的；让每一个学生在一切艺术部门成为一名艺术家，这更不是目的。因为两者本身是不能成立的，尽管前者对每个人来说在一定关系上也许是可以这样说的。一个特定的目的应当是使每个人按照各自的特质，充分且全面地成长起来，使他能够从人的本质的全面性和全能性上去认识自己，特别是，正如已经说过的那样，要使每个人懂得观察和鉴赏真正的艺术作品。

通过连贯的说话来达到的表现，正如从另一关系上说的图画一样，又是一个媒介的环节。它从语言出发，但却是内部世界的表现，可以说是精神的、纯粹的、永恒活动着的和被推动的生命的静止表现，它属于艺术。

在一切事物中，在生活和宗教中，同样地在艺术中，对于表现来说，最终的和最高的目的是明确地表现纯粹的人。人才是人类艺术最高的表现对象。

至此，我们已经指出了关于人类生活一般的对象、目的和内容的全部，作为这样一些东西，在学习期的少年儿童生活中就已经表现和显示出来。这里还需要指出的是，青少年的欲求，作为人这个时期的欲求是按什么样的顺序和关系，在生活中怎样发展的；学校是怎样和通过什么样的教学，以什么样的秩序和形式为满足这种欲求而工作的。为了通过学校来满足一般意义上人的欲求，特别是满足人在他的少年期的欲求，学校应做些什么，这些都是我们教育工作者要着重研究的课题。

第八章
从思维定式到成长思维

　　知道思维定式和成长思维很重要，然而，成长思维产生行动更加重要。每一位教育工作者都有能力帮助学生养成成长思维或者思维定式。信念、言语和行动都可能对自己有益或有害。教师分析的信息以及在教学和对话中强调的信息，都会对学生的心态产生强大的影响。每当想到一名教师对于一个学生的影响力，想想推土机，想想海啸，想想鼓舞，的确，教师的力量可以和所有这些相提并论。

　　马丁是一个快要从初中辍学的孩子。他在所有学科领域里挣扎，在数学上尤甚。当遇到难事时，他会认为跟教师讲俏皮话更容易，在课堂上捣乱才可以掩盖自己内心的挣扎。公学一年级里，他开始使用和过去相同的伎俩，避免人们发现他在数学上的劣势。这时候，他的教师从见到他的第一天就想要了解马丁。教师想知道这个孩子不为人知的一面。为什么马丁会有这样的表现？他每天分心的根本原因是什么？数学教师出去找到了自习室里的马丁，询问他过得如何。聊天进行了一会儿。然而，在相当早的某一时刻，马丁感觉这名教师就是值得他信任的人。正是这份信任，让教师开始走近这个孩子，这是其他人无法做到的。

　　教师给马丁做了个人数学评估，精确地找到马丁的差距在哪里。教师发现他有差距，开始辅导他来弥补这个差距。辅导表明，马丁取得了很小的进步。然而，数学教师很快意识到一个需要教师们共同关注的问题，这个问题更深入、更关键：教师产生了一种强烈的预感，感到马丁不再信任自己，而且教师必须每天强调他是一名很正常的学生，他才能取得一点点的进步。马丁必须意识到，问题不是他能力不够，而是他没有给自己学习所需的核心策略。教师告诉他，如果付出时间和努力，他就可以看到自己在理解数学问题上的成长。教师和马丁讨论了对于学习、努力和关注点的态度如何影响他对待数学。教师鼓励他一直以态度和努力为中心，并且告诉他："让我们看看会发生什么。"

很明显，教师的期望值很高，但是他知道如果自己可以让马丁为了摆正心态而行动起来，马丁的数学成绩很快就能上升。教师使用数学评估来建立一条基线，并且开始画出马丁成绩的曲线图。每一周，教师都会对马丁学习的概况进行简短评价，展示马丁的成长。每一天，教师都帮助马丁自我反省，了解自己投入的程度。经过这个过程，马丁开始看到自己在数学上投入的时间与努力和自己的提高有直接联系。经过这个过程，马丁开始用新的眼光看待自己，他认为自己能够成为一名好学生，也会把数学学好。其实，他已经从思维定式转变成成长心态。马丁发现自己所处的环境很普遍。教师对心态的理解就是支持学生所需的强大动力，从而让学生得到鼓舞，知道自己真正能做什么。康德指出："如果你意识到自己形成了思维定式，你就不会被它束缚，因为你可以自己修正心态。"

不管是我们目睹的、我们参与的故事还是亲身经历的故事，心态的转换是一个会引起结果动态变化的变量。这些故事让人振奋，心态转变的人令人骄傲，他们的成功令人高兴。关于环境、关于策略、关于人际关系，为了让他们的成功能够在其他学生身上得到复制，我们需要了解些什么呢？

现实中，学生的心态当然可以放在一个连续统一过程的不同点上，不管是思维定式，还是成长心态。每一名学生都在不同的点上进入这个连续统一过程，而且很可能在生活的不同领域中处于不同的点上。比如，凯文在篮球和其他运动方面具有成长心态，但是在数学上具有思维定式。他的教师可以借此机会，帮助凯文弄明白，篮球上的成长心态可以转移到数学上，从而助他取得成功。以下问题会对他有帮助：休息时，放学后，或周末你多久打一次篮球？为了学习新技能和技巧，你多久注意一次其他打篮球的人？如果你把额外的时间花在数学上，你认为你的数学能力会有怎样的改观？如果你注意同学们怎样解决问题，并且尝试这些技巧，这会怎样帮助你了解数学呢？

　　既然我们了解了心态的力量，对于成年人来说，接受学生们正常所在的位置是不情愿的。因此，我们有义务来帮助学生们评估自己所处的位置，并创造条件，让他们加强成长心态，开始个人转变。

　　增强5—12年级学生成长心态的练习，让班上的学生采访一个他们生活中的成年人，给他们以下参考：

　　·和成年人分享自己正在学习怎样解决每个人生活中都会遇到的棘手问题。

　　·更加具体地分享你正在学习怎样让态度、信念和努力在完成挑战中发挥作用。

　　·向成年人提出两个问题："请描述你生活中遇到的一个大挑战。""为什么在这个问题上取得成功那么重要？"

　　·让成年人分享关于那个挑战的前后细节，这样你就能设身处地、身临其境地面对这个挑战。更加具体地询问在场的人他们必须挑战的变量，询问人们的观点、面对的风险以及他们对挑战的感受是什么。

　　·询问什么是紧要关头。

　　·询问他们使用了怎样的战略来协助解决问题。

　　·询问他们的态度和努力有多么重要。

　　·询问他们今天是否做了不一样的事情，询问他们对于问题结果的感受是什么。

　　随着每个学生进行单独活动，让学生们和同学们分享自己的采访故事。在每种情况下，都要向学生们复述自己听到的，并询问学生们一些探究性问题。让学生们站在当事人的角度考虑问题。询问学生们自己遇到类似的处境会怎么做。还有，询问学生学习了成长心态后，会有什么不同的做法。后续的活动将扩展学习，给学生们提供一个加深理解的机会。进行良好的活动，就是让学生们回想他们愿意让情况好转的时候。这种反应会进一步促使学生们加深对心态转换需要的理解。

指导学生自我反省的核心问题：

·我本身的工作足够努力吗？

·我对工作还能再努力一些吗？

·我需要全新的策略吗？

·关于我的理解和我接下来所需的指导，我需要表达自己给教师的反馈吗？

·我可以改变态度吗？

·如果我不能改变态度，我可以改变方法吗？

·媒体以及与同学合作对于现在的学习小组会有帮助吗？

·我自己能做些什么事情，来让学习经历变得更有趣、更有意义吗？

·如果我朝着成长心态改变自己，这会成为习惯吗？

·如果我记录自己在学习上的态度、努力和提高，调查结果准确吗？我可以改变这个趋势吗？

成长心态直接关系到学生学习的情绪参与、行为参与和认知参与。以努力为焦点的强调反馈的词语对学生成长十分必要，这不仅仅是获得优秀成绩这么简单，而是为了理解而学习以及把学习应用到生活情景中。当教育家重视学生的想法并建立一个支持社区时，情绪参与就会得到加强。

成长心态的特点，包括迎接挑战、遇到挫折时坚持住、为了掌握知识而努力以及成长为学生的反馈。行为参与就是教师帮助学生理解成长心态的特点并给学生创造迎接挑战的机会。

　　成长心态的特点也对认知参与产生直接影响。教师给学生们时间来自我反省，记录付出的努力，鼓励灵活地解决问题，并创造一个明显具有学习乐趣的氛围，让学生理解学习的重要性。

第九章
论创造力的培养

据说寄宿学校都建立在若干社会传统的基础上，而这种制度反倒成为创造力的大敌。我必须坚决反对这种说法。其实传统和常规不能湮灭高级的创造力。我认为真正值得拥有的创造力属于人的头脑和心灵，它不可能被浅薄的老套的成规磨灭。英国公学更善于塑造学生的特质，但是那种特质类型是超常的。我相信公学能把更多的人提升到很高的水平，而不是把更多的人降格到平庸状态。公众对学校的细枝末节方面的态度倾向于专横武断，如学生的着装和仪态应该达到的标准。我认为这种要求有独特的好处，因为公众希望学生的穿着优雅得体，并在举止上体现阳刚之气。无论一个人有多大的创造能力，在衣着和举止上没有绅士风度都是很糟糕的。如果个人的独创性仅仅停留在稀奇古怪的衣着和举止上，那么他只是一个装腔作势、哗众取宠的傻瓜。我认为公学的标准非常好。这种传统的沿袭代表一种解脱和安慰，因为穿衣和言行的规定一旦变成简单的机械性习惯，学生们的头脑就能得到解脱，就会将精力专注于那些更重要的事情上去。

很多公学都是这样：关于体育活动是否会压缩学生的成长空间，体育负责人的考虑要多于别人。我只想说体育方面的成就在短时间内有着很大的吸引力，而且在男孩子身上的作用也容易得到放大，同时他们的智力发展还有不足，他们的思想境界也不高。但是我不相信体育理想的追求会扰乱思想的平衡，其实他们的思想境界不一定很低。实际上，体育活动对心智比较成熟的学生是有益处的，不仅不会破坏，反而能保持身心的均衡发展。心智早熟的孩子容易把体育视为人生追求中的一种讨厌的干扰，而体育的好处在于能使他们充分认识到保持健康的必要性。这是那些心智早熟却体格羸弱的孩子必学的重要一课，所以年少时不应忽视体育。

各所学校都很重视智育和德育工作，但是创造性的培养一定受到影响，所以其发展空间是否受到挤压的问题依然存在。我认为这种影响很小，基本上起不到什么作用。因为学生上学后就被置于特定环境之中，在独立人格尚未形成之际，其心智不足以发挥重要作用，而外来的影响却在发挥持续作用，所以我不能确定智力或精神作用对年幼学生的影响究竟有多大。我认为公学的孩子没有多少机会发展智力和丰富心灵世界。如果觉得他们应该得到同情却并不可取，因为他们的发展机会尚未真正到来。这种对学生有益的同情心不应经常公开表达，而要适时含蓄地表达出来。看到学生们在智力和情感发展上承受的巨大压力，我对他们的未来忧心忡忡。不论创造性的高低如何，学生都享有很大的独立性。只要在仪表和言行方面能遵从传统和常规，别的同学就会很少费心关注一个学生的内心世界。

教师的态度却十分关键。我认为各学校都存在失误。教师必须要表现出对传统标准的相应依从；一定要表现出对体育活动的兴趣；千万不能忽视校园生活中所谓的"小事"，比如趣味性的课外活动，否则他会得不到认可。但是如果学生们觉得老师的境界和他们的完全一样，想象老师操心的问题不过就是哪些学生可以升学，或者校园比赛的精彩细节，这就很可悲，大错特错了。

此外，教师应敏锐地觉察到学生的品位或兴趣反映出的独特性，并愿意给予同情或帮助。教师要关注学生读什么书，有什么理想和诉求；必要时能袒露心声，畅所欲言。对自己不关心的事情故作姿态是没有一点好处的。我主张教师有广泛的兴趣，关心各种事情，卸掉伪装。如同医生没有怜悯之心，牧师藐视宗教信仰一样，不求上进的人根本不配当老师。这就出现了一个难题，如果教师具备了经验和资历，他会尽职尽责地教好一门功课。我认为任何人都没有权力随意指导学生，除非他具备一定的知识和见地，是依靠才智生存的人。同理，适合当舍监的人必须清楚他要如何把孩子们引领到正确的轨道上。我要申明以下立场：管理学生公寓不仅仅是一份工作，只考虑薪水和职位是不对的，正如为了谋生糊口的牧师一样都是不称职的。所以我深信敬业精神是绝对必要的。

　　无论是当导师还是舍监，教师都应认真留意学生表现出的独创性和明确的偏爱，要像约翰·班扬[①]的寓言《天路历程》里的主人公一样，默默地助燃学生的星星之火，设法鼓励创造性的发展。教师应该努力发现每名学生喜欢的科目是什么，尽量帮助他们消除学习中的困难，而不能只把他们塑造成千篇一律的类型，或者把他们引到教师自己喜欢的课程上。现在公学的课程内容安排得丰富多样，包括古典文学、自然科学、历史、数学和现代语文等，但是学生的各方面才能不可能得到充分施展，同时许多课程的教授方法枯燥无味，许多凭良心工作的教师缺少工作热情的情况一直存在。然而，教师队伍中一定有各个学科的热情追随者，如果一些课程能同时得到学生和教师的青睐，那么导师们同样要努力促进师生间良好关系的建立。时间问题当然是经常遇到的困难。我们必须建立一套包罗万象的机制。根据本人的经验，建立起上述师生关系的时间非常有限，我们现在看到的关系只是一种形式上的联系。如果教师能在学校里完成所有教学任务，能与同事进行充分的社会交往——这对维持和谐绝对必要——同时能独立完成一些研究工作，那么剩余的时间是很少的。这种弊端是难免的，如果下决心削减所有那些教师认为

---

① 约翰·班扬（John Bunyan，1628—1688），英格兰基督教作家、布道家，著作《天路历程》堪称最著名的基督教寓言文学出版物。

无用的工作，那么只有管理者才会遇到这一问题。校长们最缺的就是时间，他们就像陀螺一样从早到晚转个不停，无暇反思和休息。如果连续工作几个小时，很容易使人倦怠疲惫。享受田园山水的悠闲惬意时光更少得可怜，结果导致我们在面对问题时因匆忙而往往考虑不周，总觉得果断行动的效果胜于潜心斟酌。实际上我们把大量时间都投入在一点，根本没有顾及其他方面。

第十章
赞　扬

　　赞扬是一项有效的教育手段，可是教育工作者经常忽视它的作用。一般而言，慷慨、公开地赞美别人有悖英国人的本性。他们把赞美等同于说奉承话，是一种有偿付出，并与虚伪混为一谈。一条愚蠢的古老谚语反映出历代英国人个性里的古板特点，"花言巧语不济事"。事实并非如此。如果有爱，那么吃糠咽菜也像珍馐一样美味，合理的真诚赞扬能让学生心满意足地吃下粗茶淡饭，他们能像斯巴达勇士一样纪律严明、坚强无畏。虽然不能一味表扬学生，但是严厉挑剔的老师能坦诚赞美学生，他无疑掌握了一项了不起的本领。所以我认为所有的教师都应坚决克服英国人身上那种不屑于表达欣赏的习气。如果教师能够肯定班级里学生的积极表现和出色状态，那么良好势头继续保持下去的可能性更大，而抱怨和熟视无睹的态度却不会有什么好效果。教师要表扬学生的勤奋，夸赞他们精心完成的作业，这比批评和漠视更能调动学生的积极性。

　　我认识一位女士，她随便向一群乡村学校的教务长们提出一个问题：他们一生中说过最有意义的恭维话是什么？这个话题让他们开心激动了很长时间。多数人回答是追求妻子时讲过的话最了不起。但是这种关乎婚姻责任的溢美之词的本意却直接反映出以自我为中心的态度。与批评相比，人们更容易记住别人的表扬，这是所有人的切身体会。常人面对批评会进行辩解，认为批评者不明就里；面对表扬时却本能地觉得对方真是眼光独到，的确能洞悉一切。

由此我联想到教师的重要工作——书写各类评语报告。我常常羞于见到学生家里的那些档案材料，它们像珍宝一样被保留着。其实里面的内容非常轻率和不周到。教师可能对写评语的工作感到无聊，最大的回报只不过是家长的关切而已。教师应该全面评价学生的表现，报告中不能只写批评，也应有表扬的话。如果适度利用赞扬，人们会减少抵触情绪，欣然接受批评。多数家长不需要面面俱到的报告书，只想确定孩子在学业上是否努力，想知道老师如何看待孩子。

学期结束时，公学舍监的一项重要任务是给家长写信汇报情况。我不能接受对这项工作的任何怠慢和轻视。如果相同的内容重复多次，教师一定感到无聊。但是如果教师真正了解和关心学生，他就会不知不觉地逐渐改变态度。教师应该努力把学生一个学期的表现如实描绘出来。当然有的人擅长，有的不善于此。事实上，这样播下的种子一定会有结果。写家长信时一定不要试图在文字上耍小聪明，尤其不能用语言进行挖苦。学生家长很敏感，极其讨厌那些批评自己孩子的言语，即使非常简明扼要也不愿接受。一位家长写信给我的朋友，谈起过几位老师共同完成的一份报告，"其中的一位老师用红墨水书写签名，好像很生气的样子"。还有教师在报告中说"孺子不可教也"，惹得家长愤然给学校写信抗议，说校长怎么能容留那种无能的教师，因为他"自己承认了没办法给学生传授任何知识"。

父母偏袒孩子是很正常的事。如果老师用真诚的态度批评孩子，其目的是更好地反映实际情况，家长们不会排斥。事实上，他们常常十分感激老师对孩子的批评。

第十一章
舍务管理

　　我总认为寄宿学校应尽可能建立在家庭模式的管理基础上，校园生活也应有家庭氛围。因此我主张寄宿学校的教师应该以单身为主，而且舍监更应该单身，尽管这种想法表面上显得荒唐。虽然大学里因为没有实行独身规定造成了太多的麻烦，现实中的教训也非常惨痛，但是这种理想化的主张是不切实际的，根本实现不了，更不能强行实施。

　　独身教师的优势很明显。首先，他们受家务事牵绊的程度很小，不必把教师职业看作养家糊口的唯一手段。由于没有了家庭的束缚，他们能把时间和兴趣放在学生身上。很多没有当过父亲的教师培养出强烈的父性本能，而妻儿俱全的已婚教师出于天性和生活所迫，一定会把全部心思投在家庭上。多数男人的情感容量是有限的，如果都吸附在眼前的家庭圈子，便没有多余的部分留给学生们了。

　　舍监老师的黄金法则要求他们感情丰富，但不能多愁善感。学生当中必然有一些较为活跃、更受关注的分子。有的则正相反，他们从来不提问不发言，即使回答问题也是言语木讷，所以很难得到老师经常的关注。除非迫不得已，他们显然不愿意和老师打交道。这种孩子毕竟是少数。教师如果能准确了解学生，几乎所有的孩子都有值得关注的地方。大多数孩子都很关心、在乎自己。当他们意识到能引起别人的兴趣时，很少有人能抗拒那种心理诱惑。

　　关键一点是从一开始就要让学生明白友情是老师的出发点，而且普通的友情也是不够的。最好的办法是在新生入学时告诉他们你不仅是老师，而且让他们确信老师也是朋友。多数男孩子是战战兢兢地来到一个陌生环境的，新学校里面好像住着一群食人恶魔。此时舍监的友善态度是一种莫大的安慰。如果比较一下孩子们见到老师前后的眼神变化是很有意思的。有的学生在家长的带领下进入教师的书房，他可能既好奇又惊慌地打量着眼前这位即将掌控自己命运好几年的家伙。如果教师表示出未来的师生关系一定会建立在友好的基础上，他就会用友善而又胆怯的目光看着你。

师生见过面后，个人的特质就成为重点。在我的学校里，生活条件比较宽松，学生们分散居住在独立的公寓里。舍监老师的惯例是熄灯前巡视所有学生的房间。我从来没有取消舍监的这份职责，主要原因是该项工作的快乐之处。尽管学校的一些会议活动容易占用宿舍的巡视时间，老师有时候也想利用那段时间做其他工作，但是我一贯重视这种巡视，因为教师能看到学生们真实的最佳状态。入学的第一天结束了，孩子们一般会心绪难平。宿舍里从来不缺少议论的话题——白天看到的某一本书、一幅画或者一件特别的事——如果没有吹毛求疵的教师在场，多数学生都愿意畅所欲言。我在巡查时尽量使谈话变得轻松随意，绝不会谈论公事或进行斥责；另一方面，如果出现严重问题，友善地交流几句就能轻易解决。

巡视时间总归有限，学生那里可能冒出一大堆问题，所以教师很容易拖延在宿舍里的逗留时间。我们可以设法用一两分钟接触一名学生。这是舍监老师所能做的一项最有价值的工作。寄宿学校很难取得一致，但应该有计划进行。如果要求把一批学生逐一叫到办公室见面，那完全是另外一种情形。见面后师生间的谈话无论多么轻松客气，都不可能与前一种方式相比，原因是学生们可能觉得老师的召见必有缘故，肯定没有好事。我认为比较好的办法是请学生过来一起用餐，其间不做任何说教之类的正式谈话。但是老师在共进早餐的短暂时间里埋头看报读信也不是友善的姿态。此外，把握住核心环节很重要。我们不一定用非常客套的方式让学生们建立归属感和安全感。晚上的时间如果充裕，我一般会到宿舍闲逛几分钟。这和之前提到的巡查不一样，因为那时候的学生更加放松，都愿意聚在一起无拘无束地聊天。

在任何情况下，舍监与学生相处时都应充当父亲的角色，但不要感情用事。有些教师，尤其是独身的人，在面对年幼、伶俐、惹人喜爱的孩子时，不由自主地想表现出亲切柔情的一面。学生对老师的态度很敏感，讨厌别人的偏爱和袒护。老师必须要有坚守公平原则的决心。假如积极活跃的学生不会因老师的私情得到任何特权，那么其他同学明确了这一点之后肯定不会怨恨老师。接受德高望重的长辈的关爱会引发不安和紧张，可是如果和老师发生冲突意味着良好关系的破裂，那么很少有学生敢于冒险。

随着孩子的成长，教师必须牢记自己的言行举止要逐步表现出应有的尊重，要用平等的态度和学生交流。要向高年级学生认真解释行为规范和纪律方面的要求，一旦出现任何严重的问题，要给大孩子们充分的信任，与其坦率交流老师的想法，共同面对问题。年轻人会倍加珍惜老师的尊重，为了能在老师看重和在乎的事情上得到信任，他们会不惜采取任何手段。

教师在学生面前要谨言慎行。即使孩子们知道自己可能身处不利地位，通常也不能守住秘密。如果有什么事应该告诉学生，最佳策略是直言不讳。让学生主动承担过多的责任是不明智的，但是要让他们认识到责任感的重要性。和学生交往时需要很多策略。教师必须防止师生关系过于随便，明确告诉学生他的态度肯定是为了和老师交朋友，但是那种密切的关系意味着不敬，而且老师不愿意把善意伪装在漫不经心的背后。这样就更容易保持正常的交往。

让我用一件小事证明教师的坦诚如何大获成功。每天早课前，我的一位舍监朋友通常要给学生提供茶点。有一天常见的点心换成了新品种，由于味道不佳，学生们一口未动，而且扔得到处都是。他们大声向服务员抱怨，互相发牢骚说没有可吃的东西。一贯严厉的舍监可能小题大做，先严惩闹事者，然后命令大家吃下难以下咽的点心。但是我的朋友叫来大部分学生，平静地告诉他们那顿特别的加餐并不在学校规定的食谱里，完全是老师个人准备的。他说以前的加餐全部是老师自掏腰包，学生们的做法很无礼，好比他们应邀去朋友那里赴宴却抱怨饭食难吃一样恶劣。舍监接着又说他已经要求服务员恢复供应以前的那种点心。他心平气和地讲完了，而且态度非常坦率。结果是师生间的关系没有丝毫的恶化，而且高年级学生派出两名代表找到老师，表示希望保留那种点心，大家都能吃得下。

与男生相处的必备条件是彬彬有礼。教师永远不要舍弃礼仪，它可以在很大程度上通过实践坚持下来。教师不要矫揉造作，应该用自然的态度对待学生，但是处理好师生关系的秘诀在于对个体的研究，根据对象不同调整应对办法。用千篇一律的方式待人，按部就班地处理问题是不可取的做法。如能更加透彻地了解学生及其家庭和亲属的情况，并提高教师的自我认识，舍监和学生的关系将会更加和谐，师生间更容易相互理解。此外，从孩子以前学校的老师那里获得尽可能全面的信息也是了解学生的好办法。我发现别的学校的老师们总是乐于助人，尽其所能给予支持。同样极为重要的是使学生感觉到老师和家长也能相处融洽，所以也要和学生家长建立起同样良好的关系。家长无疑会和孩子一起议论老师的方方面面。如果家长用友好、尊敬的口气谈论老师，那么孩子也会像对待家人一样对待老师。此后，老师便可以安心地接受不同角色的转换，既可以是慈父，又可以是严师。

我们可以这样概括教师和家长的关系：相互信任是牢固的基础，酌情处置权是调和剂。有两个因素可能破坏双方的和谐关系。一方面，学生家长经常不大相信学校的教师，这是很正常的现象。换作较为动听的说法，家长不会充分信任老师的自由裁量权。家长认为一旦接受老师的处置权，那么老师可能在管束孩子时加以利用，最终对孩子不利。他们担心老师可能对孩子照顾不周，也可能歧视孩子，从而受到同伴的排斥，所以在和教师沟通时会有顾虑。我们必须承认教师肯定有疏忽的时候。另一方面，教师也经常处于一种两难境地，因为他的地位相当于古罗马的"保民官"，必须照顾到所有学生，确保公平正义，不能放任纵容任何恶行的出现。家长和老师之间出现严重分歧的可能性不大，毕竟他们都真心希望把孩子培养成人。

如果家长认为把孩子送到学校的目的是学习必要的知识、培养高贵人格、造就辉煌人生，而教师的责任就是完成上述任务，那么家长则没有义务在子女教育方面协助学校。这种认识必须受到直接的谴责。这类家长如果认为吸烟和酗酒之类的事情无关痛痒，很可能会纵容孩子，可是学校要绝对禁止那些行为。有的家长可能瞧不起孩子们的恶作剧，却希望犯错的孩子能得到包庇，同时认为那是年轻人该有的状态，代表着青春活力。有的家长喜欢听孩子讲老师的种种怪诞之处，他们把老师的朴实和厚道解读成软弱无能。

这种态度或许不普遍，但不是绝对没有。假如孩子的家庭背景符合上述情况，而且孩子的本性又是玩世不恭、心肠狠毒或者卑劣粗俗的，那么没有哪一位教师能更好地管控局面。如果学生是有情有义、率真正直的孩子，虽然家长对学校教育漠不关心，不主动与老师密切配合，那么只要老师意志足够坚定，仍然可以管理好学生。

相当多的家长有着矛盾的心理，他们拥护公学制度，同时又在嘲讽学校的教师。家长可能认定老师都是愚蠢无能之人，所以对老师摆出一副自相矛盾的尊敬姿态。教师当然受不了这种虚伪的态度。尽管这是极端的例子，但是如果家长能和老师建立起更为积极的关系，努力公允地评判教师，诚恳地与教师合作，信任老师的善意，认可老师的自主权，那将是学校教育的一大收获。因为家庭对孩子的帮助和影响是其他因素无法相比的。只要出发点都是为了孩子的健康成长，家长一定会积极支持学校的任何政策，坚信教师一定会把孩子的利益放在心上。我要感激地补充一点，这些认识都是出自我多年的执教经验。

第十二章
结合工作调整结构

　　从出生的那一刻起，我们就被嵌入在一个家庭结构中。这个角色与规则的系统随着事件和情况的改变而不断进化。母亲对青少年的期待比对小孩子的要多。学生们从他们大学的第一个学期结束回到家里的时候开始，就不再受到父母的宵禁了。一个和谐的家庭会有一个可行的安排，并根据情况的需要不断地做出调整。在一个教室中、一个学校里或其他群体中，人们希望知道自己朝向哪里、目标是什么、谁是负责人，他们需要做些什么以及他们的努力是如何与他人相联系的。把渴望知识的学生或有才能的老师放在一个混乱的系统里会浪费他们的精力，并且逐渐破坏他们的有效性。结构的布局需要的是持久的关注，这也正是人们所需要的。老师有的时候发现，他们作为社会架构师的职责被管理员接手了。领导们被期望于开发政策、提供方向以及确定每个人进度都相同。有时管理人员会做到无愧于期望，但他们经常做不到这一点。当管理人员做不到时，就必须要有人能做到，否则会变得到处都是挫折和痛苦。

　　如果没有协调性和合作性，那么个人再多的努力也只能产生一个不尽如人意的结果。也许你记得你付出了无穷的努力却以失败告终了，那是因为某些人阻碍了你获得成功的道路。这对每个人来说是很受挫折的一件事。如果处在这样一种情况下，人们不断地触怒或指责别人，那么就该澄清角色，来准确指出人们应该做些什么和他们是如何与他人产生联系的。任何一个雇员都可以发起各种相关教学活动。行政上的支持并不是必需的，尽管它确实很有帮助。

小组或团队是一个学校的基本特征。每个班级就是一个小组，而老师常常为了教学目的而将学生聚集起来。老师和管理人员也加入了一系列不同的团队和小组，既有人数多的小组，又有人数少的小组。无论你是领导还是一个成员，在一个不知道目标或不知道要做什么的小组里，经历都不会是愉快的。要确定一个小组明白校长提出的 4 个成功要素：

1. 我们需要做什么？（我们的目标是什么？我们需要完成什么样的任务？）

2. 我们有什么样的权力和资源？

3. 我们要对谁负责？

4. 我们负责什么？（我们要制作什么？政策？实施计划？书面报告？口头陈述？）

小组需要知道他们的任务，他们对成功与否的评判标准，还有谁负责评判他们的成就。学生小组需要知道他们是不是仅仅对彼此或者对老师负责。当校长指派一个教职员工委员会或一个特别小组时，他们需要弄清楚自身的任务和权力。他们是否需要做出决定或只是给出建议？小组需要什么资源？如果一个小组有着易于控制的任务、足够的权力和明确的责任，那么它成功的可能性就更大。

本质上来说，我们每个人都是目标驱动的。老师或者学生应为他们了解的或关心的目标而集合起来。没有人会被一个他们不知道的、不了解的或不信任的目标所激励。从结构上看，你需要掌握的技巧就是建立一个明确的、可衡量的目标，也就是说建立一个明确的、有挑战性的、能够达到的目标。在教育中建立目标时的主要障碍就是目标多样性，一些目标是明确而具体的，而另一些却是模糊而隐蔽的。目前，学生成就是最高目标。其次的目标是监护和控制并且把学生分类。鼓励和发展未来的潜力很难确定，因为这既是无形的，又是灵活的。故事和其他的象征对朝着重要目标更切实地前进是很有帮助的。

在学校和班级里，已经存在了多种结构——明确的角色和课程、评估程序、法律授权以及其他种种。其中，有的结构是很有帮助的，而有的却起到了障碍的作用。那么我们怎么来确定需要什么样的角色安排与关系安排呢？一个可行的结构必须符合任务本身，还要符合执行任务的人们。结构绝对不是个一劳永逸的事情。一个有着清晰规章和具体程序的自上而下的结构有利于一些例行程序和重复性任务的执行，比如订购物资、分发薪水和安排课程。但是，同样的一个系统会在处理更复杂和更开放的任务时发生故障，尤其是那些需要技术和判断力的任务。只有当他们作为一个老师可以在具体的情境中运用不同工具的时候，这些标准化课程和久经考验的教学技巧才会有价值。但是，一起运用"防范教师"的发放来提供学校教学，那么在面对不可预期的情况下每个老师、学生以及班级的独一无二的特点时，这种方法总会搁浅的。

结构可以帮助我们，也可能拖我们的后腿，尽管我们常常看到它让我们失败或者阻碍我们前进。这里有好的规则，也有不好的规则；有很棒的会议，有的就是一场灾难。有的时候，掌权的人知道他们在做什么，有时候完全没有头绪；有的时候更多的处置权可以提供更多的帮助，而其他时候它只会带来一堆烂摊子。学校有好的目标，也有不好的目标。好的目标以优点的形式呈现出来，而背地里的野心则被隐藏起来。在公德和"真正的目标"之间寻找切实可行的平衡点，是可以给人们提供一个引以为豪和可以接受的合理焦点的。找到最合适的平衡点是一个持续的挑战。把所有的结构都贴上官僚主义和繁文缛节的标签是没有任何好处的。我们需要一个为我们所有的正式的系统。这不是任何人的专属领域。这是一个持续的舞蹈。当舞蹈跳得好的时候，可以起持续作用的安排就形成了，但并不是每时每刻都有效的，也不是针对每一个人都可行的。但是对大部分人和大部分情况来说都适用，而这只有在老师和监督管理人停止抱怨和跳出同样舞步的时候才会发生。

一个多世纪以来，周期性的一轮又一轮的改革胡乱地修补着英国公立学校的结构，却鲜有长远影响。大部分倡导者都是来自上级领导。很少听取一线教职员工或校长的意见。而这强制性的改变已经实行，不管是否明确，都打着重建的旗号，因为政策制定者和政治家都想伸手拿到这工具。他们通过开发规则和激励措施来克服改变或引导学校走向他们认为是新的和好的方向时所产生的抵抗。同时，老师和校长都慨叹这种自上而下的改革与他们每天正面对的现实相脱离。十几亿的英镑已经花了，却鲜有成效。有教无类的政策只是众多例子中的一个，但是在最近的几年里，这是最引人注目的典型例子。

定期的调查表明，英国人给自己的学校打分很高，却给其他国家的公立学校打分很低。如果就教育成就进行世界范围的比较，便会发现英国仍落后于北欧等其他发达国家。这些所有的喧闹却对改善学校制造了更大的压力，并要求提供学生们有所学的可见的证据。标准化测验的分数让其他教育成果黯然失色，并成了最主要的学校成绩的指标，因为这个分数是可见并可理解的。当面对证据和责任的要求的时候，学校不能仅仅是抗拒，而应开发出一个积极的、拓展性的策略。富有创造力的学校领导会看到多种选择，这包括以下几点：

开发并分享已经实现的其他目标的有形证据。公开展示学生的成果，家长的关于学生能力、态度积极提升的证词，或者行为表现，低辍学率和其他层面上学校的影响可以抵消测验成绩的显著地位。

抱着确保每个学生都能学习的目的，并致力于在教学主流中确定合理标准和包容学生全部能力，通过创建学校—家长委员会随时让家长和社区了解进展动态。这样的群体是结构上的补充，它们的作用是在通知家长与当地社区和有教无类正常类似的事情之间形成一个强大的沟通纽带。当提出的命令或改变与当地的目标和愿望相违背的时候，委员会也能起到一个警告的媒介作用。

第十三章
体　育

　　教育不应受社会的流行风气的摆布，这一点极为重要。学校教育注定要在某种程度上体现国家的理念和追求，但是名校有必要拥有自己的一套办学思想、特色和传统，但不能固守僵化的理念，也不应一味追求流行时尚，更不能像墙头草一样迎合潮流。我们要用政治家的眼光看待问题，随时愿意接受并鼓励一切有利于教育发展的推动力量，同时也要用理智、温和的策略抵制社会风尚的强大力量。

　　没有哪一种社会倾向能比当下人们对体育的观念更应该受到认真警惕和防范，而且英国人对体育的热衷已经根深蒂固了。全国有多家体育类的专业报纸，综合类的大报也登载大块的体育内容，我们从中可以大体看出体育的受欢迎程度。如果发现主流晚报上原有的战争新闻换成了体育专栏，语出惊人的标题之下报道着英国和澳大利亚板球队的赛况，那么人们的理性很容易受到挑战。

　　要和这种热潮对着干，认为一个伟大民族如此热衷体育是极其无聊、幼稚、荒唐可笑的表现，这完全是异想天开。最鼎盛时期的古代雅典的作家们不经意间创作出大量作品，为后世历代的知识阶层树立了令人惊叹的、可望而不可即的文化标杆。雅典人的另一个特点是同样热衷于实现体育理想。尽管现在对政治和知识的热情不能与体育的重视程度相提并论，但是二者并不矛盾。

　　另一方面，这种潮流也存在一定的风险。男孩子在成长过程中如果受到强势的体育运动的影响，他们的身心发展可能失衡。如果人们认为值得为突出的运动成绩奋斗，那就应该尽早做人生规划，否则就来不及了。

男孩子如果认为体育是迈向成功的快捷稳妥之路，同样是危险的。大多数喜爱体育的孩子极为渴望出人头地，他们想得到彰显体育精神的各种标识，比如帽子或其他纪念品，并在别人面前得意地佩戴炫耀，更想成为媒体报道中的明星人物，在万众瞩目下出现在重大板球比赛场上大出风头。所有这一切自然都给体育运动罩上耀眼的光环。如果我们希望学生们步入现实社会之际马上能自我调整追求体育的冲动，那么风险性就不值得考虑了。但是热衷体育的人如果接近或者已经步入中年，每天因正常工作忙忙碌碌的成年人就不大可能幡然悔悟了。

体育确实能使人保持强健的体魄，把时间用在健康有益的事情上，这都是孩子们需要的。体育能培养孩子的阳刚之气——专注和沉着，这种人能让他人放心，赢得信任；还能培养出面对挫折所需的从容和淡定，为集体利益牺牲自我的精神、领导能力、服从力以及吃苦耐劳等诸多重要品质。但是目前的系统性风险在于主次关系的混乱，人们在很多方面过分强调个人的表现。我要很多学生如实回答这样的问题：他们宁愿在球队失利时自己出尽风头，还是为了集体的胜利而让自己出丑丢脸？我得承认只有个别学生选择了后者。

人们以前经常从道德角度评价体育运动的价值，断定体育能使人远离各种物质诱惑。我认为这种认识是站不住脚的。运动员可能享有很高的知名度，经常受到追捧。如果孩子们因此变得贪图名利，那就不利于他们的健康成长了。

我不想在这里比较不同体育项目的优劣，只想探讨一下教师该用什么态度对待体育运动。

毫无疑问，体育方面的成就可以成为学校教师胜任工作的重要条件。体育活动需要精心组织，与校园生活密不可分，所以需要有能力的人进行监督和指导，学生们才能信服比赛结果或成绩。另外，因为体育活动能愉悦身心、有益健康，所以教师们都应该参与学校的体育活动。但是在很多私立学校，老师们好像很难接受课堂内外都要全力以赴地工作，甚至在业余活动中还要更加积极努力的现实。

有体育专长的教师会发现他的从教之路能变得更加顺畅，赢得学生钦佩的老师更能让学生言听计从。如果学生认为在课堂之外也能从老师那里得到重要的人生教诲，他们会更加佩服老师。另一方面，体育特长并不是教师赢得学生尊敬的唯一条件。以我本人为例，在进入一所公学任教后的几年中，足球踢得一直不错，后来一场意外事故使我彻底无缘这一运动。我承认自己过于看重校内比赛时常露脸的机会，也担心一旦失去就很难维系自己在学生心目中的地位。可是我发现告别足球之后情况没有什么特殊变化——事实上，两个赛季以后，学生们完全不知道我曾经踢过足球。

教师经常犯的一个错误是在体育方面对学生期望过高。假如教师非常喜欢体育，明确表示每天打高尔夫球和吃饭睡觉一样都是不可或缺的事情，那么他很难引导学生正确认识体育运动。我坚决支持爱好体育的教师应该起到家长的作用，要让孩子明白参加体育活动不是为了个别人的利益，或者一定要达到很高的水平，教师更看重学生们的利益，他们有责任关心学生的得失。

除非水到渠成，否则我无法让学生明白其中的道理。我坚信如果教师的确出于上述目的从事体育，那么他能很快得到学生的认可。更为重要的是教师不能用死板的方式压制，而是要采用正常合理的手段帮助学生认识到老师的兴趣着眼点更广，他要考虑更多更重要的事情，而不单单是团队里个人的功绩。

我当然不提倡阳奉阴违的虚伪做法。我不希望教师把主要心思放在体育方面，同时在学生面前极力隐藏真实面目，总是表面上唱高调或挥舞道德大棒——尽管我认为家长和教师的传统角色功能有些过度弱化——但是教师的确要有更广的兴趣爱好和更高的思想境界，这才是我的本意。如果教师能以真面目出现，学生们会明白高尚的道德追求与体育休闲活动的积极作用之间根本没有矛盾。

根本的风险在于健康和娱乐的初衷逐渐被扭曲，人们过分看重体育比赛的成绩，那代表着学生时代的辉煌成就。因此，孩子们在板球比赛之前就要承受压力，他们的身体会出现异常，或者紧张失眠。他们会由衷地感激赛季里出现的阴雨天气，因为取消比赛会使他们如释重负。如果沦落到这般地步，显然不是我们想要的结果。有人说体育运动的地位已经非常稳固，其作用不容置疑，阻挡强劲的体育热潮无异于堂·吉诃德般可笑，我却不敢苟同，无法相信所有教师都有理由随波逐流。

回到以前的结论，教师不应只满足于恪尽职守。如果教师按部就班地执行教学计划，如果他观赏甚至亲身参与某项体育活动或竞赛，或者经常就体育话题高谈阔论，积极点评师生们的种种优异表现，或者经过夜里的思索之后对同样的问题有了更成熟的认识，很难说这样的教师有什么失职的地方。但我认为既然身心得到了愉悦，那么比赛结束之后，教师就要思考其他的问题，应该有读书的欲望，或者探讨体育之外的话题的打算。我可能羡慕操劳了一天却能高枕安眠、心无牵挂的教师。我们同样会羡慕白天四处撒欢的小狗，消耗完一身的精力后便美美地蜷缩在窝里不动了，但是小狗不可能在生命中的种种利弊考量和权衡中纠结。

第十四章
时间管理

有一些难题常年困扰着辛勤的教师，其中之一就是如何管理时间。在其他行业，随着级别的晋升，从业者能经常享有较多的空闲时间。他们已经摆脱了刚入行时的煎熬打拼阶段，对自己喜欢的事情有了更多的选择，工作中能够有所取舍，把琐事交给下属完成。教师的情况正好相反。他们进入学校成为老师后，只能从某一年级的授课任务开始；随着工作的深入，他们逐渐承担其他职责，比如担任学生的指导教师，教授特色课程，主持部门的管理工作，打理某些体育事务，履行秘书职责，管理某个工作室或体育馆，整理财务账目——这是一项必须有人做的公共服务工作，虽然不是强制性的，但经常是能者多劳。还有的要负责宿舍管理。总之，一大堆新任务会落在教师的肩上，而且一般要伴随至退休之时。

那么教师应该如何应对呢？如何在百忙之中挤出时间读书学习、思考总结？一些教师的负担的确很重，但是我们必须承认不是所有人都有同样的问题，因为尸位素餐的平庸之人随处可见，他们没有进取心，乐于接受他人安排的工作。如果种种琐碎事务能把日程排满，这种人就活得很滋润了。

学校当然需要这种实用的服从型员工，但不是唯一需要的类型。既然教师是教育工作者，那么我们不可能过分强求他们保持思维的活跃。

对于工作效率高的人来说，这一问题很容易解决。有的教师精神专注、思想果断，批阅作业和论文的速度很快，尺度把握得当。可是我们很少见到这样的人。我相信教师经常陷入细枝末节的杂务之中，而且整个学期都无法自拔。他们可以本着良心应付差事，但是缺少前进的动力；虽然可以受到尊重，强令学生认真完成学业任务，但是没有任何工作热情。如果教师一脸疲态，学生接过仔细批改过的作业时不会受到积极的感染；如果能感受到老师的活力和激情，学生也能被调动起来。

简单自然的方法往往能实现更高的效率。如果我们为自己制定出一定的规则，坚持到习惯养成之际，总能节省出大量的时间。我们要安排好个人生活，包括睡觉和娱乐的合理时间。如果能把时间管理得井井有条，尽可能克服懒散和优柔寡断的毛病，你会突然发现时间会变得非常充裕。经过精心安排，从二十四小时中减去具体工作占用的时间之后，一天当中结余出来的时间是很惊人的。

我们很容易找到其中的关键一点，那就是无论做什么，只要有效率意识，时间总会有的。如果一个人的行动意愿受到潜在压制，那么事情的结果一定不尽如人意。有的人找不到时间读书、写作或处理其他个人事务，其根本原因不在于他们工作有多么繁忙，而是主观上根本不想去努力。这是显而易见的普遍规律。

人们在处理个人工作时有理由坚决防止外来的干扰。虽然上班期间可以安排一定的会客时间，但是他们担心不速之客的意外来访会打乱既定的日程，所以有意识地通过固定习惯避免意外干扰。

例如半天休假的午后经常是工作之余锻炼身体的好时候。如能安排合理的锻炼，就能消除疲劳、恢复精力，使人的精神状态达到佳境。人们接下来自然愿意喝茶、聊天、思考、读书或者悠闲地小睡一下。我根据经验发现人们可以形成一种防范心理，更愿意独享美妙的闲暇时间，除非迫不得已，否则决不允许他人侵占。因此，那些自主时间得到了保护并越积越多，这样可以读更多的书，写出更多的文字——这些收获并不会挤占正常的工作时间，也不会使人脱离社会，更不会侵占锻炼身体的时间。

　　处理信函会给公学教师造成困难。随着生活阅历的积累，人际间的书信往来也会越来越多。我的唯一建议就是学会快速认真地处理信件，更要养成充分利用零散时间的习惯。很多无关紧要的来信当然不必劳神费的，但是那些重要的和紧急的信件也必须在空闲时间进行处理。人们发明了很多办法提高回信的效率，比如手头准备好取用方便的所需工具材料、认真备好各种纸张等等。

　　如果有人抱怨因工作太忙而无暇顾及别的事情，他一定缺少前面提到的某一个条件——要么做事不得法，要么没有主动性。根据我的经验，后一种情况更为常见。如果意志足够坚定，任何工作都能完成；如果态度积极主动，那么手头的工作就会成为一种乐趣，人们会满怀热情地面对。这种主动性的最大作用是使人做事更有条理。

第十五章
休　假

提到怎样合理安排假期，我有很多话要说。假期当然是充电的时间——储备在上班时间严重消耗的健康、精力和兴趣等。

我们度假时首先要安排大量的户外活动和健身时间，这对习惯久坐的人尤为重要。坚持科学的锻炼就是他们最好的补药。然而教师却不属于长时间伏案工作的人，所以不应在假日只安排健身活动。教师容易找到锻炼身体的机会，尤其是激烈运动的参加机会也很多，这是该职业的明显优势。

我认为教师没有理由在假期尽情放纵身体。如果在假期的白天打板球、高尔夫或者登山，晚上闲聊、玩牌或打桌球，自以为这样便能用更好的状态返回工作岗位。实际上他们很不情愿回归到原来那种按部就班的生活，在不得不面对未来的压力时更容易心理失衡。

所以教师应该把休假的目的放在调整自己和丰富生活内容上。放在首位的当然是休息。查尔斯·金斯利[1]曾经说过，每当工作劳累过度而使健康受损之时，他经常不顾一切地脱身而去，尽情投入到剧烈的体育活动当中，结果却发现身体恢复起来非常缓慢。后来金斯利意识到他一

---

[1] 查尔斯·金斯利（Charles Kinsley，1819—1875），英国文学家、学者与神学家。早年曾先后就学于皇家学院、伦敦大学以及剑桥大学，后常年担任牧师、教授并开始发表作品。他擅长儿童文学创作，作品具有世界声誉。也是本书作者的校友。

直采用的放松办法是在用一种压力取代另一种压力，结果适得其反。在假期的开始阶段我们要尽量休息，之后再逐步加大运动量。这不代表消极懒惰，而是明智的选择。以睡眠为例，因为教师经常晚睡早起，容易造成习惯性的睡眠不足。英国人过去认为男人每天睡眠七小时、女人睡八小时足矣，睡九小时的就是傻瓜。格莱斯顿①认为这个老规矩简直荒唐透顶。所以工作辛苦的教师应该在假期多睡觉，补充睡眠是非常有意义的。

有的人喜欢旅行；有的人喜欢参观游览；有的人则愿意在熟悉的环境里安享居家生活；也有的人认为至关重要的是尽情享受假期，无论做什么都可以。但是教师平时的阅读时间很有限，从事的又是脑力劳动，所以应该利用假日认真读书，充实自己的头脑，保持思维的活跃度。

另外，教师在假期一般要避免接触同事。假期可以让头脑清净，使人暂时脱离平时工作环境中的那些烦恼、焦虑和常见的困扰。教师应该努力和外界多交往，让拥塞的头脑得到放松。教师要努力了解社会各界的动态，多接触不同的人，他们总有新鲜迥异的思想观念。如果有必要，教师应该适时进行家访。和家长建立密切联系对学生的成长更为有利，有助于把握孩子的动态，了解他们的生活状况。假期回访自己的大学母校，或者就在伦敦参观一番也是不错的选择。最好结合兴趣制定一套大致的度假计划，根据个人喜好进行具体调整。

上述的建议主要适用于未婚教师。已婚的教师有很多事要做，包括利用假期修复因工作而疏远了的家庭关系。通常假期过后，应该取得良好的效果，返回工作岗位时教师又能变得精神饱满，心情舒畅，面貌一新，踌躇满志。他们急于见到学生，乐于分享假日趣闻。

无论什么职业，如果从业者因为假期而过分操劳，那实在不公平。

---

① 格莱斯顿（William Ewart Gladstone，1809—1898），英国自由党政治家，曾四度出任首相，以善于理财著称。

热衷观光的人难以抵挡诱惑，一定会兴奋地四处游览，尽量把游玩时间排得很满；爱好写作的人可能沉浸在忘我的境界；乐善好施或者传播福音的人更愿意在休假时为人排忧解难、登坛布道。闲适和谐的度假方式应该是主流观点，如果认为休假后还要上班工作，美好的人生再次被毁，那就不正常了。教师如果对假期依依不舍，而且经常出现这种想法，就要反思自己是否真的适合当老师，他的工作能否与个人爱好和理想相辅相成。教师不仅仅是一个行业或职业，如果一个人的内心不能专注教育事业，最好下决心改行，从事那些能实现自身价值的工作，即使牺牲世俗的远大前程也在所不惜。这条建议似乎不切实际。最令人难以接受的或者最要命的情况就是无奈地回到没有乐趣和激情的工作岗位，除非此人自身就是毫无激情和没有方向感的人。即使这样，让这种人在教师岗位上勉强地苦苦挣扎也是极不负责的，因为教师能决定许多人的思想和个性的发展以及前途。

第十六章

社　交

　　教师间的社交能力是非常重要的。我觉得多数寄宿制学校设立常见的公共休息室一定是基于经济方面的考虑，但是教师必须和同事们朝夕相处，所以公共休息室也存在不可否认的明显弊端，而别的工作领域则不存在问题，人们同处一室的时间并不连续。教师们可能已经身心俱疲或者心情不好，但是每天要和同事在休息室里见面、用餐，不发生摩擦和矛盾是很难想象的。如果有可能，学校应像修道院一样实行食不言的规定，教师间的矛盾或许能减少。在一个联系密切的人群中，任何小事都有可能触动敏感的神经。讲话的腔调、习以为常的聊天斗嘴、老旧的故事、用餐的习惯方式以及不起眼的个性特征等，很容易惹恼敏感的人。在不增加办学成本的情况下，应该尽量安排教师住进分开的住所里，每天见面的机会不超过一次。我相信这样的安排肯定很好。如果教师必须要碰面，那么减少相互矛盾的概率只能依靠幽默的言谈和优雅机智的风度了。如果教师可以不在一起用早餐，或者分散到学生当中进行午餐，便可以在每天见面的情况下不发生大的矛盾。假如有校长出现，无疑会维持和谐的氛围。各类人群当中难免有固执己见的人，也有自以为是的人。我就曾听说过员工聚会上的确出现过令人遗憾的场面。一位自恃清高的助教谈话间总是语气烦躁，聊到自己感兴趣的话题时兴致高涨地说了一句："每天都和没品位的人共事，可是没有人提过罗斯金[1]！"我也听说教师们抱怨每周在公共餐厅总要见到不顺眼的同事，他们的交流除了尖酸刻薄没别的。有一位青年教师发现同事们在休息室分成泾渭分明的两个阵营，双方互不理睬，各自议论着本方的话题，一方讨论教学班型的大小问题，另一方则嚷着在学生身体的什么部位施加体罚更合适。

交流日常琐事肯定让人提不起兴趣，但是我们的生活里必然有种种琐碎的事情。志趣相投的人如果在一起共事，一定会形成自己的交流圈，不可能不谈论自己熟悉的话题。我认为教师应在同事交往中保持理智，要用善意的幽默言谈交流。如果大家都相信和睦相处的必要性，那么彼此间的不愉快就能轻易化解。

此外，每位教师都要努力和同事建立某种私交，增进相互理解，发现对方的长处，必要时给予体谅和同情。我所工作过的学校里，同事关系极易相处。他们的住处各自分开，例外的是两三名青年教师必须共处一间"陋室"，但是他们的关系都建立在私人友谊的基础之上。舍监经常组织关系要好的同事参加小规模的便餐聚会，而掏钱请客的人也心甘情愿，并不觉得吃亏。此外，出席者习惯性地身着晚礼服，虽然显得烦琐，但是意义非同一般，因为穿正装用餐的人会自觉注重礼仪并表现出绅士风度。如果公共休息室里也这样做，尽管不太方便，但我相信一定有好处。实际上，我认为着装问题对学生和教师都很重要，任何人都要坚持不懈地避免以穿戴邋遢、不修边幅的形象示人。可是教师的工作繁忙，很少能参加重大社交活动，而且也必须甘于舍弃很多社交机会。我知道正式的晚宴在营造和睦关系、促进相互理解方面的作用不小。如果左右的客人和蔼可亲、讨人喜欢，你就很难和他发生争论。更重要的

---

① 罗斯金（John Ruskin, 1819—1900），英国杰出的作家、批评家、社会活动家。罗斯金在英国被人称为"美的使者"达50年之久。1868年任牛津大学美术史教授。他的文字也非常优美，色彩绚丽，音调铿锵。代表作有《时至今日》《芝麻与百合》《野橄榄花冠》《劳动者的力量》和《经济学释义》等。

是，教师要让学生认识到他们是自己的朋友和同盟者，他们的目的都是善意的，而不是出于阴谋或监视。师生间可能经常谈论别的教师，我认为也是可以的。实际上，老师敢于在学生面前谈论同事的优点，会极大扫清师生间的沟通障碍。我们应该避免散布小道消息，但是经常见面的人在相互交流时自然会谈论他们感兴趣的人——如果要制定封口令，针对的就是那些傲慢无礼、刻薄伤人的语言，捕风捉影和无中生有的人。可是这种现象在英国校园里却盛行已久。谈话需要技巧和策略，教师应该为自己确立一条准则：不能在学生面前对同事说长道短。这是原则问题，不能硬性规定。有时候教师如果能用宽容和富有人情味的方式评价其同事，可以产生很好的效果。孩子们一定会在私下里议论各位老师如何，所以让他们了解真实情况更为有利，而不能仅凭表面印象做出肤浅的判断。

第十七章
言传不如身教

榜样是最好的教员。榜样虽然是一种无声的语言，它却教给人们许多书本上根本无法得到的东西。榜样的力量在于行动，行动比语言更能说服人、教育人、启示人。行动就是力量。与空洞的说教不同，榜样无时无刻不在影响一个人、鼓舞一个人。它给人一种潜移默化的影响，久而久之成为习惯。一个人一旦在榜样的影响下形成了良好的习惯，就能受益终身。一万句空洞的说教还不如一个实际的行动。很多说教家嘴上一套、行动上又是一套，这种说教又会有什么作用呢？

在现实生活中，总有人喜欢让别人按他讲的去做，而别人不能按他做的去做。言行不一致，拿大话、空话和套话去教育别人，这样的教育者不过是在自欺欺人而已！因为聪明的人都知道，人们往往是通过自己的眼睛去认识事物的真相，而不是只凭耳朵听到的来判断。亲眼看到的无疑要比道听途说的深刻得多、丰富得多。这也就是许多大道理被讲得天花乱坠而人们却充耳不闻的原因所在。

对于年轻人来讲，眼睛是他们获取知识的主要通道。不管学生看到什么，他都会无意识地模仿，不知不觉地，这些学生与他们周围的人的行为模式一模一样了。这正如许多昆虫呈现出与它们所吃的树叶一样的颜色一样。

因此，家庭的影响就显得尤为重要。不管学校的影响、社会的影响如何，家里人的一举一动、一言一行对于一个人的影响都要大得多。家庭是社会的缩影，是塑造国民性格的摇篮。不管这个家是道德高尚还是道德败坏，它都对生活在其中的子女产生莫大的熏陶。在家庭中日渐养成的品德、习惯、生活准则、待人接物的方式等，往往对孩子的一生都有难以磨灭的影响。一个民族的全体国民都是从家这个"育婴室"中长大成人的，这个"育婴室"自身的环境、条件、道德、文化、思想品位等，都会在无形之中对生活在其中的孩子产生巨大的影响。公共舆论在很大程度上只是家庭生活规则的扩大化而已，积善行善之心、友爱他人之意都源自于家。柏克[①]说过："友爱他人是所有的人类之爱中最珍贵的爱。"从友爱他人之心这一点出发，大而化之，就会爱人类、爱世界。真正的博爱之心与真正的仁厚之心一样，渊源于家，但却绝不会只囿于家庭之内。

即使一些看似细小的行为，也不能等闲视之，因为这些细小之处对于小孩子品性的好坏有不可低估的作用。父母的性格、品行总是在孩子的身上折射出来。往往是父母谆谆教导的东西早已被忘得一干二净，而父母日常生活中表现出来的有关情感处理方式、道德观念、勤劳风范和自我控制等具体行为仍然存留在孩子的心中并产生持久的影响。一些明智的男人常常把孩子看成自己未来的重现。确实，在许多孩子的身上我们都能见到这样的影子。

父母无声的行动，哪怕是有意无意的一瞥，都有可能在孩子的心中产生难以磨灭的痕迹。父母平时的良好行为曾抑制或去除了小孩子多少邪恶的行为，这实在无法弄清楚。而多少孩子沉溺于各种不健康的思想之中，乃至走上犯罪的道路，这其中又有多少直接受了父母的影响？正是那些父母不经意的细小行为给了小孩子以巨大的影响，对他

[①] 柏克（Edmund Burke, 1729—1797），爱尔兰裔英国政治家、作家、演说家、政治理论家和哲学家，他曾在英国下议院担任了数年辉格党的议员。

们的品性、为人产生巨大的影响。韦斯特[1]曾说过："母亲甜蜜的吻使我成了一名画家。"许多人的成功与幸福就与父母这些看似细小琐碎的事情有机地联系着，父母对孩子的良好影响往往能给他以后的成长起巨大的促进作用。在成名之后，福韦尔·巴克斯顿[2]曾写信对他母亲说："我总是由衷地感觉到，为别人尽心尽力去工作、去努力，这是一条不可移易的原则，这一原则是您——我的母亲——以自己的行动教给我的。"

巴克斯顿也常常满怀感激地提及一个名叫亚伯拉罕·普拉斯特奥的猎场看守人对他的无形熏陶。普拉斯特奥是一个大字不识的粗人，巴克斯顿经常跟他在一起骑马、游玩，二人私交甚笃。这位既不能读书也不能写字的普拉斯特奥天赋极高，而且很有正义感。"他为人极为正直，很讲原则。他从不做任何一件我母亲认为不善或不对的事情，也从不说及。他总是把一切正义、美好和纯洁的东西灌输给我，他本人也是一个充满这种思想的人。他的荣誉感很强，对自己的一言一行从不苟且。他教人乐善好施，虽然自己也是身无分文，却乐于接济别人。这种人真是只能在古罗马哲学家塞尼加和罗马大作家西塞罗的著作中才能找到。普拉斯特奥是我最初的先生，也是我最好的先生。"

兰代尔[3]在回忆母亲时曾说过："如果把整个世界放在天平的一头，而我母亲在另一头的话，这巨大的天平会立即倾向我母亲这头。世界渺小是因为我母亲太伟大！"席梅尔·彭尼克夫人[4]在晚年曾无限感

---

[1] 韦斯特（Benjamin West，1738—1820），英格兰裔美国画家，以绘制历史画和美国独立战争场景知名。曾担任英国皇家艺术研究院第二任院长。

[2] 福韦尔·巴克斯顿（Fowell Buxton，1786—1845），英国政治家、社会改革家和废奴主义者。

[3] 兰代尔（Lord Langdale，1783—1851），英国法律改革家、主事管。

[4] 席梅尔·彭尼克夫人（Mary Anne Schimmelpenninck，1778—1856），英国作家、废奴主义者。

慨地说起她母亲对她的深刻影响：每当母亲进入房子时，她那种庄严、祥和的感染力会立即改善谈话的氛围，她的每一句话乃至每一个语调让在座的每一个人都有一种心灵纯净、浑身舒爽之感，每一个人的所思所想都得以自由地倾吐。"当我母亲在身边时，我几乎变成了另一个人。"可见，良好的家庭氛围对于一个人品格的养成是多么重要啊！

孩子们亲眼所见的父母的言谈举止，都深深地影响着孩子们的成长。也许父母教育子女的全部内容可以归纳为一句话——改善和提高你自己。

人类所采取的每一个行动、所讲述的每一句话都会产生相应的影响，这些影响很可能是极其深远长久的。父母或周围的人的一举一动、一言一行也同样会对孩子产生其相应的影响。而这些影响到底会是什么，常为人们所忽略。其实这是一个很严肃、很重要的问题。

每一个人都在社会生活这幅巨型图画上画上了自己或浓或淡的一笔。每个人都不自觉地在某种程度上影响着周围的人，人与人之间相互影响着。良言善行必定会长留人间，即使在一时一地我们未曾见到它们所产生的直接结果，但它们的影响仍存乎浩浩人海之中，作为清和之气存乎天地之间。同样，一切丑恶的行为和淫秽的词语也会长期存在并产生其相应的影响。无论什么人，不管他是多么伟大还是极其渺小，都不可能认为自己的言谈举止既不产生好的影响也不产生坏的影响。好坏之间没有调和、折中的余地。不正即歪，不好即坏。人之肉体终归消亡，而崇高的精神却可以不朽。在理查德·科布登[1]逝世的时候，迪斯累利[2]先生在众议院宣称："虽然他已离我们远去了，但他仍是众议院的一员，他那与时俱进、全心为民、敢作敢为的精神永存于众议院！"

在人生中、在这个世界上，确实有某种不朽的精神实体存在。作为

---

[1] 理查德·科布登（Richard Cobden，1804—1865），英国制造商、政治家。

[2] 迪斯累利（Benjamin Disraeli，1st Earl of Beaconsfield，1804—1881），英国保守党政治家、作家和贵族，曾两次担任首相。

个人，任何人都不能单独存在，任何人都是这个相互依赖、相互联系着的社会系统的一个组成部分。正是每个个人的行为促进或减弱了一切坏东西的影响。现在植根于过去，今天植根于昨天，先祖的榜样和生活无时无刻不在影响我们，而我们每天的生活又在构筑下一代人生活的一切。每一代人都是以前无数代人的文化影响和熏陶的结果。水有源，树有根，人不可能离开先祖的文化而生存和发展。而活着的人的言行、文化又注定了与未来紧密相连。一个人的躯体终会消散，变成滚滚尘埃、缕缕清气，但他在这个世界上的业绩不会消失，他或好或坏的行为必将开花结果，影响后来人。每一个人都肩负着极其重要而庄严的使命——承继过去，开辟未来。

贝比奇[①]先生在他的著作中以其特有的笔锋深刻地表述了这样一些思想："每一个原子，每一颗极小的微粒，不管它带来的是好处还是坏处，不论它是遭人排斥还是引人注目，它都包含有自己特殊的动机和意向，圣哲可以从中悟出理性和智慧，因为每一颗原子、每一颗微粒在其内在本质中，都蕴含有圣哲所谓的知识。一颗颗简单而平凡的原子以无穷无尽的方式与那些微不足道甚至卑劣、低级的东西有机联系着、相互影响着。空气本身就是一个巨大的藏书库，人类所说的一切，哪怕是低声细语都一一记载在这个书库中。在这浩瀚无垠的大书库的每一本书上，都客观公正、永不磨灭地记载了遥远的过去和最近的今天所发生的一切。人类无数未了的心愿、未践行的誓言、未能完成的使命都字字如铁地记载在这无形的书本之中。像那相互联系、统一运动着的细小微粒不曾消失一样，人自身的意志、心愿也同山岳永在、日月长留。如果说我们须臾不可少的空气就是一个永远不变的真正的历史学家，它真实地记载着我们人类的思想、情感、兴趣、爱好，而茫茫大地、浩浩太空和

---

① 贝比奇（Charles Babbage, 1791—1871），英国数学家、发明家兼机械工程师。由于提出了差分机与分析机的设计概念，被视为计算机先驱。

横流沧海都以其特有的方式，忠实而永久地记载着我们人类的所作所为的话，那么这种作用与反应的原理、原则毫无疑问也适用于它们自己。大地有灵，苍天有眼，人虽大智却不过是上天所创造的一种物质而已。没有哪一种运动、哪一种作用，不管是自然的原因所造成的，还是人为的原因所致，是完全消失了的。"每一个单个的原子，无论怎样切割，它的内在结构依然存在，它依然通过各种各样的联系与周围世界紧密相连。作为单个的人，无论把他置于何处，他也总是与周围世界发生无穷无尽的联系。外界的不良影响加剧到一定程度，好人就会变坏，就会犯罪。

因此，我们自己所做的每一件事、所说的每一句话，以及我们亲眼所见的别人的行为举止，亲耳听到的他人的言谈话语，都不仅会对我们自己产生影响，而且会对周围的世界产生很大的影响。我们的言谈举止会对我们的孩子、朋友和其他人产生什么样的后果，这一点我们自己也许并不能自觉地意识到；但有一点可以肯定的是，这种影响确实存在，并且在持久地起作用。因此，无论何时何地，无论什么人，都要严于律己、刚正不阿，注意一言一行，这是每一个人都能做到的。无论多么贫穷、多么微不足道，你都应该这样去做。每个人都能长期坚持这样去做，每个人都要求自己这样去做，这就是一件相当了不起的事情了。

在这个世界上，平凡的人生活得最实在，平常人的一言一行有时能改变一个伟大的人物。当然，伟大人物之所以伟大，往往在于善于向平凡的人学习。事实上，平凡与伟大的实质区别并不在于真理，许多貌似"高贵""伟大"的人物其实是愚不可及的，而许多地位卑贱、为人冷落的下里巴人却富有智慧。智者未必贵，贵者未必聪，乃古今通理。当然，在这个世界上，并不存在卑下的人，他理所当然要把这些简简单单却又价值连城的种种启示归诸他人，而自己却一无所有。美丽的珍珠往往藏在其貌不扬的蚌壳里，山底下的灯虽不如山顶的灯那么地位显赫，但它仍在忠实地闪耀着，照亮自己所能及的范围。不管在什么情形下，不管在什么地方，无论在山村茅屋、田野陋居还是在小镇陋巷中，不管表面情形看起来何等不幸、何等恶劣，真正的大人物都可能在其中诞生。猛将常生于卒伍，良臣多起于布衣。为了他人，真正的大人物会勤勤恳恳地耕耘。他们在忠实地燃烧自己。一个普普通通的车间完全有可能成为一个科研基地，成为磨砺自己的熔炉，成为砥砺品行的磨刀石，当然也可能成为滋生懒惰、愚昧、堕落的场所。一切都在于自己，在于你能否充分地利用一切机会择善而从、见恶去之。同样的环境、同样的条件，有不同的人，就会产生不同的结果。一个人能否主宰自己，这是他成为什么人的一个决定性的因素。

一个人如果能正直、诚实、勤劳地度过自己的一生，那么他就不仅为自己的儿女们，而且为整个世界留下了一份丰厚的遗产。他就是在坚持不懈地追求一种美好的生活，在这种看似平凡的生活中蕴含有极其珍贵的精神财富。这个人的一生就是对美好道德的雄辩说明，对不道德行为的严厉申斥，他就给世人上了正义的一课。对于所有过这种生活的人，世人都会由衷地感激他们、尊敬他们、追忆他们，因为他们为其儿女和其他人树立了光辉的榜样。波普认为，这些人的生活本身就是对赫维勋爵下面这段话最有力的反驳。赫维[1]说："我经过深思熟虑后发现，我的父母对我没有什么影响，也如他们的儿子从未让他们掉过一滴眼泪一样。父母与子女之间会有什么影响呢？对此，我真是百思不得其解。"

做什么事情，只停留在嘴上是不够的，关键要落实到行动上。奇泽姆夫人[2]曾向斯托夫人[3]谈及她的成功之道，她说："我发现，如果我要

---

[1] 赫维（John Hervey, 2nd Baron Hervey, 1696—1743），英国廷臣、小册子作者、回忆录作家，以其《乔治二世宫廷回忆录》著名。

[2] 奇泽姆夫人（Caroline Chisholm, 1808—1877），英国人道主义者、社会改革家。

[3] 斯托夫人（Harriet Elizabeth Beecher Stowe, 1811—1896），美国作家、废奴主义者，其最著名的作品《汤姆叔叔的小屋》成为美国南北战争的导火线之一。她的一生以写作为生，发表了多部作品。

完成一件事情，我得立刻动手去做，空谈无益于事！"奇泽姆夫人的这句话放之四海而皆准。夸夸其谈、哗众取宠而不注重实干的人最令人反感，成功也永远不会光顾这种华而不实、光说不干的人。如果奇泽姆夫人仅仅满足于她动听的演讲，陶醉于她那美好的计划之中，她自然就永远也不可能超出言谈的范围，那就只不过是一个空谈家而已，人们也就不会相信她所说的一切。但当人们亲眼看到奇泽姆夫人以自己的行动实现了她的计划时，人们才赞同她的观点，才乐意援手相助。最大的慈善家并不是那些嘴上说得天花乱坠的人，也不是那些把一切都设想得极其美妙的人，而是那些脚踏实地去干的人。

那些处在社会最底层的人，只要他对工作充满热情，只要他是一个有心人，经过努力，他就必将赢得他想获得的成功与地位。贫寒的出身、卑贱的地位并不意味着不可改变。重在实干，贵在真想。托马斯·怀特①也曾谈到过罪犯的改造问题，约翰·庞兹②也大声疾呼过要创办孤儿学校，但要是他们没有实际行动，良好的愿望自然就只是停留在嘴上、纸上的空洞无用的东西。只有扎扎实实地去做这些事情，而不只是说说而已时，事情才会有起色。这样，即使那些最无聊的人、那些对社会充满不满的人，听到孤儿学校运动的热心追随者格斯里博士所说的约翰·庞兹这位身体力行其生命诺言的朴次茅斯鞋匠对他的影响时，他们也会受到相当大的震撼和鼓舞。

"我对这件事情产生兴趣纯属偶然。在人的一生中，偶然性有时起决定性的作用。正如大江大河有时受一些微不足道的因素决定一样，人的命运常常充满神奇而不可捉摸的色彩。有时一个瞬间的念头会决定一个人的一生。这说起来似乎有些神奇，其实这是常见的社会生活现象。我最初对孤儿学校这件事产生兴趣就是由于看到一张图片。那是在

---

① 托马斯·怀特（Thomas Wright，1789—1875），英国慈善家。
② 约翰·庞兹（John Pounds，1766—1839），英国教育家、利他主义者。

一个位于福斯湾海滨的古老、偏僻和破旧的自治市，这儿是托马斯·查尔默斯①先生的故乡。几年之前我到那儿去过一次。当我走进一家小客栈，坐下来喝点儿茶水，并休息一下时，我看到墙上挂着许多图片。图片上，一些漂亮的牧羊姑娘手中拿着牧羊用的弯柄杖，穿着节日的盛装，与海员们在一起嬉戏、玩耍。这些情景并未激起我特别的兴致。在壁炉架的正上方挂着一幅画，画上描绘的是一位修鞋匠的房子。修鞋匠正在忙着活儿，厚厚的眼镜架在鼻梁上，一只破旧的鞋子正夹在两膝之间——他正在修补这只破旧的鞋子。修鞋匠宽宽的前额和厚厚的嘴唇显示出他刚毅过人的性格，浓浓的眉毛下一双大眼正慈祥地望着他身边许多衣衫褴褛的小孩儿。这些不知名的小男孩儿和小女孩儿正瞪着好奇的眼睛望着这位慈祥的修鞋匠。不知道是修鞋匠目光的祥和之意感动了我，还是这群衣不蔽体的小男孩儿和小女孩儿在召唤着我，我走了过去。只见图画的下方写着几行文字：约翰·庞兹，朴次茅斯的一位修鞋匠，他怜爱那些被人抛弃的小孩子，他不忍心看到这些失去父母——他们的父母大都过得很舒服——的无辜生命在街头流浪。于是，他像牧羊人一样，把这些孤苦伶仃的孩子收养起来。他拯救了一个又一个无家可归、四处漂泊的小生命，把他们教养成一个个有益于社会的人。先后被他救助的小孩不少于500人。看到这些，我感到十分羞愧，我的心灵被深深地震撼了。这样一个普通的修鞋匠，凭着自己的爱心，凭着自己顽强的毅力，为了这些被人遗弃的小孩儿而默默无闻地奉献着！名利非他所求，自己不求回报。这样的人真是少之又少。我深为自己感到惭愧，为自己对社会一无所为而深感愧疚。我深深地钦佩这位修鞋匠的业绩。在那一瞬间，我的心灵得以净化，精神得以升华。此后，我激动了好几天，我曾对我的朋友们说：'这位修鞋匠是仁慈的化身，是博爱之父，

---

① 托马斯·查尔默斯（Thomas Chalmers, 1780—1847），苏格兰神学家、政治家、经济学家。

完全应该在英国为他建立一座最高的纪念碑。'而今我已冷静和镇定多了，但我认为我不应该收回这句话。我决心继续这位修鞋匠的事业。他那'怜爱众生'的精神一直激励着我。约翰·庞兹是一位十分聪明的人。人们常常看见他在海港码头上追着一位衣不蔽体的小孩儿，力图让这个小孩儿进他的孤儿学校。他不是像警察那样以武力服人，而是苦口婆心地讲道理，一直到这个小孩儿跟他来到他的孤儿学校。他知道爱尔兰人喜爱烤熟的马铃薯，他会给另外一个小孩儿一个热乎乎的马铃薯。人们常常看到修鞋匠穿着破烂不堪的大衣，把香喷喷的马铃薯送到衣衫同他一样破烂的小孩儿的口里。后来，修鞋匠的慈爱之心传遍乡邻，他本人从不在乎这些俗人所看重的盛名与赞誉。他眼望着苍苍人世间这些无依无靠的小孩儿，看着他们在凄风苦雨中落叶无依，独自飘零，他自己不过是以一个修鞋匠之心之能去给他们点滴雨露和一缕阳光而已。他的所为能改变几十、几百人的命运，但面对这无是无非、无血无泪的人世，眼睁睁地看着那些幼小的生命被抛出其应在的家园，修鞋匠的心显得更加苍老了，他那慈祥的目光不知何时多了一丝泪痕。修鞋匠的名声因他的事迹而广播朝野上下。修鞋匠终于来到了万能的主的面前，主说：'你为那些最可怜的人鞠躬尽瘁一辈子，你这是给我帮了忙啊！'"

　　榜样对一个人品格的培养有至关重要的作用。生活在我们周围的其他人的品格、习惯、生活方式和他们对事物的看法都在有意无意地影响我们。有时，我们自己深受其影响而不自觉。好的行为规则对我们的生活无疑具有指导作用，而好的榜样发挥的作用则更大。榜样的行动是一种活生生的现身说法的教育，这种教育最丰富、最生动、最富有感染力。榜样本身就昭示我们应该怎样去做、不应该怎样做。一个坏的典型能在顷刻之间摧毁一座美丽的道德宫殿。

　　环境决定人，生活在什么样的环境之中就会产生什么样的人。近朱者赤，近墨者黑。对于品格正在形成之中的年轻人来说，慎重择友就显得十分重要。年轻人极易吸收、消化他人的思想、爱好，极易模仿别人的行为，与他人产生思想上的共鸣。朋友之中，只要一个染上了坏的习惯，有了不良嗜好，其他人往往仿而效之，许多人就这样不知不觉地染上恶习，日久天长，竟至无法改掉，这就是交友不慎所致。

埃奇沃思先生坚定地认为，年轻的朋友们在一起，极易形成一致意见，因为每一个人都易被对方所同化。经常相聚的人，连讲话的腔调都十分相似。我们看一个人只需看他有些什么样的朋友就行了。物以类聚，人以群分。选择一个好的朋友可能会成就自己的一生，选择一个坏的伙伴，足以把自己毁掉。埃奇沃思的座右铭是：择其善者而从之，择其不善者而去之。

科林伍德勋爵 [①] 写信给年轻朋友说："年轻的朋友们，你们一定要记住这一格言：宁可独自一人，没有朋友，也千万不要与庸俗卑劣的人为伍。你的朋友最好是品格高尚、具有崇高精神的人。他们应该与你一样。当然，他若比你更好，那是求之不得的朋友。"有许多人，与益友相处时，他们会变好；反之，与坏人为友时，他们自己也会变坏。在一定的条件下，外因会起决定性作用，尽管这种决定性作用是通过内因来起作用的。如彼得·莱利爵士 [②] 所说，人的眼睛是心灵的窗户，淫秽的东西能乱人心，看了之后总想模仿，有了此念，很有可能就会去行动。有时就是这样一个念头导致人走到邪路上去。因此，我总是控制自己，眼不观邪物、淫画，也尽我所能去帮助每一位年轻的朋友。

年轻人应该有远大的抱负，有志同道合、追求上进的朋友，对朋友的要求高也就是对自己的要求高。历来多少英雄豪杰都视择友为大事。择德高行洁者为友，则己行必洁、德必高；择卑劣小人为友，则不过三

---

① 科林伍德勋爵（Cuthbert Collingwood, 1st Baron Collingwood, 1748—1810），英国著名将领。

② 彼得·莱利爵士（Sir Peter Lely, 1618—1680），荷兰裔英国画家。

日，自己亦成小人矣。弗朗西斯·霍纳[1]平生喜欢与一些德行高洁、才学过人的人交朋友，在与这些朋友的高谈阔论中他获益匪浅。他曾感慨地说："我敢断言，我从我的朋友们那里学到的为人处世的学问、所得到的知识财富，远比我从书本上寻章摘句得到的多。一位正直而富有才学的朋友就是一座圣洁的图书馆，只要你是他志同道合的朋友，你就随时可以从中获取教诲。"

谢尔本勋爵[2]（后来的兰斯多恩侯爵）年轻时对令人尊敬的马勒泽布[3]先生的拜访，给他留下了难以磨灭的印象，他写道："我曾走遍天下，拜访四方名人，但没有任何人给我以震撼感。及至我有幸拜见了马勒泽布先生之时，我的心陡然一颤。他像一位世外高人，在无声之中净化着我的灵魂，给人一种万物皆无所欲、飘飘欲仙之感。他是位至高、至洁、至圣之人，具有非凡的感化人心的力量，这种力量绝非平常人所能有。"

福韦尔·巴克斯顿常常谈到格利家族对他性格、品质形成的巨大影响。他过去常常说："他们一家改变了我的一生。"在谈及他在都柏林大学的成功时说道："我可以把我的成功归结为一句话，即格利一家给我的潜移默化的巨大影响使我不断追求上进。"

正如在鲜花盛开的花丛中走过后，身上必然留下阵阵芳香一样，与德行高洁的朋友们久处，自己的言谈举止也会高洁起来。入芝兰之室，久而其身必香；入鲍鱼之肆，久而其身必臭。

---

[1] 弗朗西斯·霍纳（Francis Horner，1778—1817），苏格兰律师、政治家、记者、经济学家。

[2] 谢尔本勋爵（William Petty Fitzmaurice，1st Marquess of Lansdowne，1737—1805），以第二代谢尔本伯爵的称号更为人所知。英国首相，辉格党领袖。

[3] 马勒泽布（Guillaume-Chrétien de Lamoignon de Malesherbes，1721—1794），法国旧制度时期的政治家和大臣，后来又成为了路易十六受审时的辩护律师。身为皇家总审查官时，他又对百科全书的出版起到了重要的作用。尽管他忠于君主制，但他的作品为法国启蒙运动时期自由主义的发展作出了极大的贡献。

　　凡是熟悉约翰·斯特林 ① 的人都发自内心地说，在与斯特林的交往中，斯特林给他们以种种有益的影响。许多人由衷地说道："正是在斯特林先生的感悟和影响之下，我们才迷途知返，终成正果。"还有许多人说："正是斯特林先生使我们明白我们是什么，我们应该干些什么。"特伦奇先生在谈及斯特林先生时曾说过："凡是与斯特林先生交往过的人，没有不被他那崇高的品德所感动的。你只要与他生活在一起，你的灵魂就会得到净化，你的精神就会变得崇高。每当我离开他时，我总感到我超脱了许多尘世中无谓的烦恼，一种崇高的精神激励我奋发向上。"

　　崇高的品德、高尚的情操总会给人以鼓舞、以心灵的震撼。正如日月精华之气滋生万物一样，崇高的精神滋润着人的心灵。与斯特林先生在一起，我们的精神在无形中得到升华，恍如得道成仙一般。久而久之，我们也能像他那样来待人接物、为人处世。这正是心与心之间的相互作用、人的精神与精神之间的相互作用啊。人作为万物之灵长，精神的需求更是一种内在的本质要求，高尚的精神需求是一种内在的本质要求，高尚的精神是一盏指路明灯，它的光芒直射人心、长驻人间。

　　艺术家与艺术家的交往，彼此之间能产生一种强大的精神感染力，精神升华到一个更高的境界，从而得以相互促进。奥地利著名作曲家海顿 ② 的天才火花是英国著名作曲家亨德尔 ③ 激发起来的。听到亨德尔演奏时，海顿的创作灵感一下子迸发出来。海顿说，要是没有这种影响，他决不能创作出《创世纪》（Creation）这首曲子。在谈及亨德尔时，

---

① 约翰·斯特林（John William Sterling，1844—1918），美国慈善家，耶鲁大学的重要捐助人。

② 海顿（Franz Joseph Haydn，1732—1809），奥地利作曲家。海顿是继巴赫之后又一位伟大的器乐作曲家，是古典主义音乐的杰出代表，被誉为"交响曲之父"和"弦乐四重奏之父"。

③ 亨德尔（Georg Friedrich Händel，1685—1759），英国巴洛克音乐作曲家，创作作品类型有歌剧、神剧、颂歌及管风琴协奏曲，著名作品为《弥赛亚》。

海顿还说过："他演奏的曲子如惊雷滚滚，金戈铁马之声不绝于耳。你哪里只是在体会他的曲子，你的血液都随着他挥动的手臂在奔流。"近代歌剧之父、意大利作曲家斯卡拉蒂[1]是亨德尔的另外一个狂热的崇拜者，他跟随亨德尔走遍了整个意大利。在谈及对亨德尔的崇拜和景仰之情时，他总是在胸前画十字架表示他像崇拜上帝一样地崇拜亨德尔。真正的艺术大家总是诚心相待而不是相互嫉妒的。贝多芬对意大利大作曲家凯鲁比尼钦慕得五体投地，他对奥地利著名作曲家舒伯特的天才更是赞不绝口："舒伯特的身上燃烧着一团天才之火。"诺斯科特年轻时十分崇拜雷诺兹。有一次，这位举世闻名的大画家在德文郡参加一个公开会议，诺斯科特不顾一切地拨开人群，一直冲到雷诺兹面前，几乎可以挨着他的衣角。诺斯科特激动地说："我对您的天才由衷地感到佩服。"这是一位年轻人对天才情不自禁的佩服之情。同声相应，同气相求，天才的火花、灵感和激情往往在互相砥砺中闪现出来。

勇敢的榜样往往能给懦弱的人以极大的鼓舞，英雄的举动常常震撼人们的心灵，使懦弱者挺立起来，不顾一切地冲向前方。在英雄的感召之下，无数普通人爆发了火山一样的威力，创造了一个又一个惊世骇俗的奇迹。有时只要忆及英雄的光辉业绩就能使人热血沸腾、精神振奋，不管什么障碍都能克服。英雄的鼓舞力量就像号角一样催人奋进。

波希米亚英雄齐什卡[2]把自己的皮遗留给后人，制成战鼓，以鼓舞

---

[1] 斯卡拉蒂（Giuseppe Domenico Scarlatti, 1685—1757），意大利那不勒斯王国作曲家、羽管键琴演奏家。他被认为是一位巴洛克作曲家，但其音乐风格已受到了古典主义音乐发展的影响。

[2] 齐什卡（Ziska, 1360—1424），波希米亚民族英雄，胡斯战争中起义军统帅、激进的塔博尔派领袖。

波希米亚人的勇气。当伊庇鲁斯王子斯坎德培 ① 去世后，土耳其人很想拥有他心脏边的骨头，想以此获得他生前在战场上左冲右突、所向披靡所展示出的勇气，增添无限的力量。当英勇无畏的道格拉斯护送布鲁斯的心脏去圣地时，看到撒拉逊人重重包围并渐渐逼近他的一位武士，毅然从脖子上把装着英雄遗物的银盒子取下来，把它丢向敌人最密集的地方。他一边高呼着"英雄的布鲁斯、道格拉斯一定像你一样英勇不屈"，一边冲向重重敌军，在布鲁斯的圣物旁，他大义凛然地牺牲了。

　　传记的主要作用，就是记载了许多品德高尚的光辉典范。我们伟大的先辈们通过他们的生活记录，仍然生活在我们中间；他们的行为举止，仍然清晰可见；他们为我们树立的好榜样，仍然值得我们赞赏、学习和仿效。事实上，任何在其身后留下了光辉生活记录的人，都已为子孙后代留下了经久不息的宝贵精神财富，作为人们学习和仿效的模范在未来不断发挥作用，给人们的生活注入新的活力，帮助人们开创全新的生活，以其他形式体现其品格。因此，一本记载了这样一个真实的人的生活的书，就是一个精神财富宝库。用英国诗人弥尔顿 ② 的话来说："它是一个伟大灵魂宝贵的命根子，使超越生命的生活目的不被遗忘，受到珍视。"这样一本书永远具有催人奋进、使人崇高的影响。但最重要的是，世界上有这样的书，它记载树立在我们面前、塑造我们生活的最崇高的榜样——是最适合我们心灵需要的必需品，是我们只能仿效和感受

---

① 斯坎德培（Scanderbeg, prince of Epirus, 1405—1468），阿尔巴尼亚民族英雄，毕生以反抗奥斯曼土耳其而闻名。他年轻时被迫加入苏丹的禁卫军，但1443 年（38 岁）回乡揭起反土大旗后，在之后的 25 年（1443—1468）中，多次以一万阿尔巴尼亚军击败人数三倍以上的土耳其军（且土军的装备与后勤优良太多）。他的军事才华是奥斯曼帝国西扩的主要障碍，让许多西欧人视他为基督徒抵抗穆斯林的无上典范。

② 弥尔顿（John Milton, 1608—1674），英国诗人、思想家。英格兰共和国时期曾出任公务员。因其史诗《失乐园》和反对书报审查制的《论出版自由》而闻名于后世。

的榜样。

"像没有见过太阳的幼苗和藤蔓一样，它们梦想着太阳，猜想着它的所在。于是，它们拼命地生长、攀爬，尽力去接近它。"

凡是读过阿诺德和巴克斯顿传记的年轻人，没有不为之感动的。读这样的书是一种崇高的精神享受，它使人的精神提高到了一种更高的境界，也使人的意志更加坚定了。通过了解他们的所作所为，我们自己明白了人是什么，人应该追求什么，我们的自信心大大增强，人生的追求目标也就会更加高尚，对希望的憧憬就会更强烈。这样一来，我们的心灵就不会空虚，崇高的精神就会与崇高的事业相统一，我们的身和心就会沉浸在美好的事业和崇高的精神之中。有时，年轻人会在传记作品中发现自己的影子。当柯勒乔凝思迈克尔·安杰罗的作品时，他真正感到这似乎是在思考自己的作品，自己的经历与迈克尔的经历也有惊人的相似之处。在这一瞬间，他感到他的灵感被激发，他的创造能力得到了提高，他不禁失声叫道："我也是一个画家！"塞缪尔·罗米利在他的自传中坦率地承认，他深受法国那位德行高尚的大法官达盖索①的影响。他说："我得到了托马斯的作品，怀着虔诚的心情读完了他的《达盖索的故事》。作为一个杰出的地方法官所走过的辉煌道路，他在平凡岗位上所干的不平凡的事业深深地打动了我。我的激情一下子燃烧起来，我的抱负陡然包围了我的心，新的光荣之路闪现在我的脑海中。"

富兰克林习惯于把他的成就和名誉归功于早期读了科顿·马瑟②的《为善散文集》（*Essays to Do Good*）——这本书来自科顿自己的生活。由此可见，一个好的榜样能影响多少人。榜样就是一颗颗火星，一旦把

---

① 达盖索（Daguesseau，1668—1751），法国政治家、司法大臣，被伏尔泰称为"法国有史以来最有知识的法官"。

② 科顿·马瑟（Cotton Mather，1663—1728），美洲新英格兰地区的一位清教徒牧师、多产作家、小册子作家与意见领袖。

它们撒播到人间，这些星星之火就会形成燎原之势。塞缪尔·德鲁[①]断言，他是在读了本杰明·富兰克林的动人传记之后，才勾勒出他自己的人生，尤其是商业习惯的。因此，我们不能说一个好榜样自身的力量在某一点上已经消失，不能说榜样的力量仅仅囿于书本。上溯上百年、上千年乃至上万年，那些开天辟地、勤奋创业的先人，那些扶贫济困、架桥修路、乐善好施、德行高洁的先人，他们作为榜样的力量又何曾消失呢？我们作为后人，优势就在于能够继承古人的优秀品德，发扬他们的崇高精神，不断地开辟未来。我们应该读最好的书，效法最好的榜样，不断地完善自己。杜德利勋爵曾说过："在文学上，我总是只与我认为很不错的老朋友交往，我的朋友是经过长期选择的。和我的朋友们在一起，我变得越来越崇高，创作的愿望也愈来愈强烈。我总能从朋友那儿得到益处，十之八九都是这样。朋友们不在的时候，我把以前读过的书温习一遍、几遍，这样所得的收获远比读一本新书来得快、来得多。"

弗朗西斯·霍纳总是把那些对他产生重大影响的书籍记录在自己的日记或信件中。这些书包括孔多塞[②]的《阿莱颂》(*Eloge of Haller*)、乔舒亚·雷诺兹爵士[③]的《演讲录》(*Discourses*)和培根的《伯内特论马休·黑尔爵士》(*Burnet's Account of Sir Matthew Hale*)。读这些书——它们都记载了一个个生动感人的劳动创造奇迹的故事——总是使霍纳激情满怀。在说到孔多塞所著的《阿莱颂》一书时，霍纳说："每次读这本书，书中的故事都总是让我感动。我被一种激动的心情包围着。对于他们所干的事业充满无限的倾慕和向往。"在谈到乔舒亚·雷诺兹爵士所著的《演讲录》一书时，霍纳说："这本书告诉我，什么叫勤劳，什么

---

① 塞缪尔·德鲁（Samuel J. Drew, 1863—1926），美国政治家、企业家。

② 孔多塞（Condorcet, 1743—1794），法国启蒙运动时期最杰出的代表之一，同时也是一位数学家和哲学家。1782 年当选法兰西科学院院士。

③ 乔舒亚·雷诺兹爵士（Sir Joshua Reynolds, 1723—1792），英国著名画家，皇家学会及皇家文艺学会成员，皇家艺术学院创始人之一及第一任院长。

叫收获。""关于培根的书,"霍纳说道,"没有任何一本书能像培根的书那样催人修身养性,他真是上帝派到人间来让我们明白成功是如何获得的、伟大是怎样造就的天才人物之一。他使人相信,劳动是一切人间奇迹的创造者,天才不是上天恩赐的圣物,而是辛勤汗水的结晶。这本书雄辩而又自然地讲述了一个个极其动人心魄的故事。没有任何一本书像这本书这样令人激动、给人鼓舞。"

值得注意的是,雷诺兹本人也把自己钻研艺术的激情的产生归功于读了理查德逊描述一位大画家的书。同样,海顿也是在读了《雷诺兹的一生》一书后才从事同一个追求的。薪火相传,代代不息。勇敢而激动人心的故事,就是星星之火,它们一旦被具有相同才华、同样激情和同样追求的人拾到,就能在他身上燃起熊熊大火,成功与希望就在这小小的星星之火中蕴藏着。能得此星星之火者,鲜有不成功者。正是这些榜样鼓励着一代又一代的人,才使星星之火得以代代相传。前面的人影响和鼓励后来的人,后来人又以自己的行为和业绩鼓舞和激励下一代人,这样新老交替而精神不灭、事业不绝。

对年轻人来说,最富有感染力、最富有价值的榜样莫过于那些能促使年轻人愉快地工作的榜样。愉悦的精神状态能极大地促使人去从事自己喜爱的工作。一个人只要愉快地劳动,在碰到困难时就不会灰心丧气。愉快的劳动心情永远和希望、成功紧密结合在一起。激情、热情是人强烈追求自己的目标的一种本质力量,激情与热情是愉快劳动的好朋友。在充满活力、充满热情的劳动中,辛苦会化成快乐,困难会变成动力,沮丧会变成信心。而且,一个富有热情、富有激情的人,能感染周围的许多人,带动他们像他一样去工作、去创造。愉快劳动这种精神能使困难低头,使挫折和失败让路,使普通人变得高贵。满腔热情去工作的人,他们自然心灵手巧、效率更高。

休谟说,与其心情抑郁地成为万贯家财的主人,不如拥有愉快的心情、享受生活的阳光。格兰维尔·夏普[1]在为奴隶们的利益进行不屈不挠的斗争的同时，也不忘记在他弟弟的家庭音乐晚会上，不时吹奏长笛、单簧管和欧巴，借以娱乐、放松自己。在星期六晚上的清唱剧晚会上，当亨德尔演奏时，夏普则在一旁敲铜鼓，他还偶尔从事漫画创作。福韦尔·巴克斯顿也是个十分愉快的人，他对田园风光特别感兴趣，常常和孩子们骑车在乡间溜达，家里的各种娱乐活动也总是少不了他。

阿诺德博士是另一个思想高尚、令人愉快的人，他全身心地投入教育和培养年轻一代的伟大事业之中。他的传记作者说过这样一段话："拉莱汉姆的圈子里，一个最显著的特点就是这里弥漫着一种欢快的气氛。任何新来乍到的人都能深深地感受到这一点。任何新来的朋友只要一来到这里就能感觉到，这儿在从事一项伟大而又诚挚的工作。每一个学生都感到自己有一份工作要做，而他的义务、幸福就与他这份工作紧紧联系在一起。一股难以描述的热情与同学们的生活息息相关。当同学们发现自己是一个能担大任、有益民众的人时，当他们认识到自己将来能为民众谋幸福时，一股股暖流就袭遍全身。同学们在这种充满激情的生活中追求知识、追求自己的理想。阿诺德教会他的学生如何珍爱生命、珍惜自己，如何认清自己的使命。阿诺德总是生活在他的学生之中，想他们之所想，思他们之所思，他的心与每一个学生的心都连在一起。他们一起探讨人生、追寻知识。他离不开自己用心血哺育出来的学生，他的学生对他也怀着深深的敬意和浓浓的依恋。他把自己对学生的爱、对知识和真理的追求都深深地埋在心底，他为了自己的信念、理想不顾一切，勇往直前。在他身上，我们只看到一颗火热的心，一颗永不停止跳动的心。无论是对社会还是对个人成长的关照，只要是有意义的，阿诺德就认为是他分内之事，他就有义务尽心尽力去干。他从不偏爱一行而厌恶另一行，事无大小，只要有益于社会，他都身体力行，以此为乐。

---

[1] 格兰维尔·夏普（Granville Sharp，1736—1813），英国学者、废奴主义者。

把自己的生命融入这永无止境的为他人、为社会尽力的事业之中，是他的精神寄托。他谦恭不倨，渊博不俗，心诚不浮。面对事业的召唤，他鞠躬尽瘁，虽九死亦不后悔。天必厚赏这种为他人忘我的人。阿诺德先生尽心磨砺自己，其志愈洁，其行愈高，其名百世不绝，其才亦愈精于至善。面对苍茫大地，他不问沉浮，只问耕耘。"严父必出孝子，严师定有高徒。阿诺德不是严师，他是一位仁慈的长者，他如春风化雨，泽润英才。他以自己的毕生心血培养了一代又一代有益于社会、有益于民众的人，其中有勇敢的哈德逊。多年以后，哈德逊从印度写信给家人，谈及他这位可敬可佩的恩师时说："阿诺德先生对我产生的影响是如此的刻骨铭心，如此的源远流长，以至今天远在印度，我仍时时感受到他的教育、关怀和启迪。人云，人一辈子得一尊师足矣。如此说来，此生我愿足矣。"

一个心地善良、充满朝气而又勤劳苦干的人，能极大地影响左邻右舍，影响他的扈从，带动他周围的许多人。当然，他取得的成就也会鼓舞他周围的人。约翰·辛克莱爵士① 正是这方面的典型。阿比·格雷瓜尔② 称约翰是"欧洲最不屈不挠的人"。他家是一个有大片田产的大地主，庞大的家业就在约翰·欧·格劳特家附近。这里是一片广袤无垠的荒凉地区，与北海紧紧相依，除了海水的咆哮声外，似乎听不到文明吹响的号角。在辛克莱16岁那年，他父亲去世了。管理家产、经营家业的重担落到了他的肩上。在他18岁那年，他开始在凯斯内斯进行大规模、强有力的改造运动，最终该改造运动被扩展到整个苏格兰。那时，农业还处在极为落后的状况，广大的田地还没有被圈起来，农夫也不知道如何灌溉、开垦土地。凯斯内斯的农夫生活十分贫困，他们连一匹马都养不起。大量艰苦的劳动主要由妇女承担，家庭的重担也由妇女们承

---

① 约翰·辛克莱爵士（Sir John Sinclair, 1754—1835），英国政治家、作家。
② 阿比·格雷瓜尔（Abbe Gregoire, 1750—1831），法国传教士。

担。如果一个小农丢失了地主家的一匹马，那他就得跟一个女人结婚成家。这是极普遍的现象，也是对他丢失一匹马的最便宜的惩罚。当时村里连一条像样的路都没有，更不用说有什么桥了。那些买卖牲口的商人要到南边去，只得和他们的牲口一起游过河。一条高耸入云、布满岩石的羊肠小道爬在海拔数百英尺高的山上，这就是通向凯斯内斯的主要道路，要进出这里十分费力。当地人讲，凯斯内斯的路通天，有翅的鸟儿难飞过，农夫半世光阴都在路上忙。辛克莱见到这些情况，心里很不是滋味，他决心在本切尔特山上修一条新路出来。老地主们聚在一起，嘲笑这位年轻人要在这怪石嶙峋的高山上修路是异想天开，不知天高地厚。但辛克莱心意已决。他召集了大约2000名劳工，在夏日的清晨，和劳工们一起出发。他认真、负责地监管大伙儿的劳动，自己以实际行动鼓舞大家。经过艰苦的劳动，一条以前充满危险、连马都走不过去的6英里长的羊肠小道，终于变成了车子都能通过的大路，这在那些老地主们看来真是不可思议的事。其实，这并非什么不可思议的事情，许多看来难于上青天的事情，主要是缺乏一个有正义感、有感召力的领头人，因而无法干成。辛克莱当时年纪轻轻，并没有什么魔力，他只不过是急人之所急、想人之所想，振臂一呼，自然应者如云。他身先士卒，大伙儿又怎么会不卖命呢？人心齐，泰山移。因此，2000来个劳工用自己的双手把一条羊肠小道建成了一条通天大道。然后辛克莱着手修建更多的路，建起了厂房，修起了桥梁，把荒地圈起来加以改良、耕种。他还引进了改良的耕作技术，实行轮作制，鼓励开办实业。在他力所能及的范围内，他大大加速了现存社会结构的改善，给农民注入了许多全新的观念。凯斯内斯原本是苏格兰北部一个极为偏僻落后的地方，那里连人都很难进去，有人把它叫作"天涯海角之地"。而今，在辛克莱的影响和改造之下，这个地方的道路交通、农业、水产业都天下闻名了。这个小村成了名闻天下的模范村。在辛克莱年轻的时候，邮件由送信的人一周送一次。这位年轻的从男爵宣称，在他看到四轮大马车每天到瑟索地区送邮一次以前，他决不罢休。周围的人们对这位从男爵的话嗤之以鼻，谁也不信。当时有不少人嘲笑道："啊，有一天辛克莱会看到四轮大马车每天都来我们这儿送邮！"但辛克莱的预言并未因别人的嘲笑而随风飘去。在他有生之年，四轮马车每日去瑟索送邮已成为事实。

辛克莱先生的影响日渐增大，他为民众所干的事情也越来越大。他发现英国长期以来稳定出口的大宗商品——羊毛的质量已日益退化。虽然只是一个乡间的小小绅士，但他决心改变这种状况。为此，他通过种种努力，终于创立了英国羊毛学会。同时，他还十分注重实践。他自己花钱从各个地区进口了 800 只羊，著名的切韦厄特羊种也输入了苏格兰地区。南部的牧羊人都讥笑辛克莱的这一举动，认为南方的羊不可能在北方生长、繁殖。但辛克莱不为所动，仅仅过去了几年，就有不少于 30 万只切韦厄特羊散布在北方各乡村，土地的载畜率大大提高。苏格兰的土地原本一文不值，这下身价猛涨，收回的租金十分可观。

辛克莱先生在英国议会待了 30 年，从不错过一次会议，他的地位使他能更好地发挥他自己的作用，他也从来不放过任何发挥作用的机会。皮特先生注意到辛克莱在为民众谋福利方面的非凡才华和不屈不挠的勇气，对此十分佩服，于是他派人把辛克莱请到了唐宁街，并爽快地答应给他提供一切可能的帮助。也许有人会认为辛克莱是为自己的名声和地位，但辛克莱明确表示，他只从内心对皮特先生为帮他创办国家农业学会所作的努力表示衷心的感谢，此外再无其他。亚瑟·杨认为辛克莱创办国家农业学会只不过是水中捞月的事，他与这位从男爵打赌发誓。他说："你的国家农业学会只会在月球上存在。"辛克莱十分果敢地开始行动，他不断唤起公众对这个计划的重视，获得了大多数有远见的议员的赞同，国家农业学会终于得以成立了。辛克莱先生被任命为该学会会长，该会所产生的巨大作用就不用说了，仅仅该会对农业和畜牧业的激励作用就很快遍及大不列颠联合王国。成千上万亩荒瘠的土地一夜之间变成了产金出银的良田和牧场，整个农村一下子呈现出前所未有的欣欣向荣景象。同时，辛克莱又致力于创办水产业，瑟索和威克这两处著名的水产业基地的创立无疑也应归功于辛克莱先生的努力。他为此曾呼吁多年，四处争取支持，最后他又成功了。一个海港被圈起来从事水产养殖，这也是世界上最大和最繁华的渔港。

约翰·辛克莱先生把自己的全部精力都投入公益事业之中，他不甘于安逸享乐的生活，而致力于开创性的事业。他总是扬起希望的风帆，开拓新的航道。在法国人侵迫在眉睫，民族和国家受到威胁之时，他又挺身而出。他向皮特先生提出，用他自己的家产组建一支军队。言必信，行必果，他立即回到北方，组织了一支600人的军队，后来这支军队增加到1000人。这支军队深受辛克莱先生崇高的爱国主义精神的鼓舞，被公认为最优秀的一支志愿军。辛克莱除了在阿伯丁担任这支军队的统帅之外，还兼任苏格兰银行董事长、英国羊毛学会主席、英国渔业学会总裁、国家财政署货币发行部专员、凯斯内斯地区议会议员和国家农业学会会长等职。在繁忙的公务之余，他还积极从事写作。他著述等身，足以使他留名青史。

有一次，美国大使拉什来到英国访问，他问考克大臣，在英国农业方面，谁做的工作最好，考克先生回答说，是辛克莱先生；后来，他又问英国财政大臣范西塔特先生，英国金融方面最大的成就出于何人之手，这位财务大臣当即说，是约翰·辛克莱爵士，是他的《公共税务史》（*History of the Public Revenue*）。但他坚持不懈地勤奋工作的伟大丰碑，是一部可与其他任何人的著作比肩的作品，多达21卷的《苏格兰统计账目》（*Statistical Account of Scotland*）。这部巨著耗费了他8年的辛勤劳动，他先后收到和处理的有关信件达2万余封。这部著作具有永恒的科学价值和史料价值，它出版问世后，立即引起很大轰动。但对辛克莱爵士来说，这不过是尽其爱国之心而已，他早已把名利置之度外。

面对渐起的声誉，他非常坦然。他明白，一个人最大的快乐就是能为他人做点儿什么，多做了点儿什么也是应该的，没有什么值得骄傲的。相反，应该在这个基础上更进一步，直至生命终结。辛克莱爵士把该著的全部利润分配给了苏格兰牧师后裔学会。《苏格兰统计账目》一书出版之后，引起了巨大的社会改革。许多压迫性的封建特权被废除了，许多教区教师和牧师的工薪得到了提高，苏格兰地区的农业也得到了很大的促进。辛克莱爵士看到这本书对社会的促进作用如此之大，十分高兴。于是，他公开宣称要花费更多的精力，收集资料，整理出版《英国账目统计》一书。但不幸的是，坎特伯雷主教担心这会干扰教会什一税的收取，因而不予批准，辛克莱的这一计划只好流产了。

约翰·辛克莱爵士精力过人，办事十分果断。在一些重大事件面前，他临危不惧，当断即断。1793 年，英国著名的制造业中心曼彻斯特和格拉斯哥由于战争的影响，经济一直十分萧条，许多企业破产，银行倒闭，无数的房屋摇摇欲坠，广大人民的生活十分艰难，形势十分危急，若不快点儿想办法，后果不堪设想。辛克莱爵士在国会中反复督促议员们授权财政署立即向该地区投放 500 万英镑的贷款。这个建议被采纳后，他又建议由他与他提名的一些人协同执行这个计划，这一建议也被批准。这两个决议在深夜通过后，第二天一大早，辛克莱就心急火燎地来到银行，以自己的名义做担保，一次性提取了 700 万英镑，并于当晚分发给那些急需援助的商人。辛克莱知道政府部门与银行的拖沓作风，他不亲自督阵，事情就会被拖延，时间久了，就会产生很多麻烦。他以迅雷不及掩耳之势完成了这一复杂任务。后来，皮特在众议院召见了约翰·辛克莱爵士，告诉他说，曼彻斯特和格拉斯哥所需要的巨额援助实在无法如期筹措到手。"有关款项通过今晚的邮政将全数离开伦敦。"辛克莱爵士不无高兴地回答道。后来，在叙述这件事时，辛克莱爵士高兴地补充道："皮特先生听了我这句话，像被刺一般，半响没有说出话来。"

这位好人一直为了公众的利益愉快地工作着。他为自己的家人和祖国树立了一个好榜样。他全身心地执着于公众的事业，孜孜不倦地追求自己的目标。他所追求的不是一人或一家的财富，相反，由于始终站在劳苦大众的一边，他根本无心去顾及自己的家业。他得到了为他人谋利益所换来的快乐和自我满足。他以此为宗旨，几十年风雨不变，从给别人创造他所能创造的幸福和快乐中求得自己上不愧于苍天、下无愧于大地。

约翰·辛克莱爵士也是一位治家教子的能手。他对子女的要求极为严格，但不封建。他主张子女们到社会上去闯荡，去谋求自己的发展。望子成龙，此乃天下父母所共有之心。辛克莱爵士望子成龙之心十分迫切，但他从不压抑孩子们的个性与爱好，而是尽一位父亲的责任。就像给一棵棵幼苗提供足够的阳光和水分一样，他对孩子们追求学业和事业，总是鼎力相助。使他高兴的是，他的儿女们都成了有益于社会的人。在年届 80 岁高龄时，他乐呵呵地看到他的 7 个儿子都已长大成人，没有一个孩子学坏样、干坏事，没有一个孩子让他失望。每一个人都想看到自己的后代成为有益于社会的人，辛克莱先生也有此心愿，他终于如愿以偿。

第十八章
品德修养

　　首先，我要说说面对一些有违道德标准的现象时教师们的常见态度。凡事不可夸大其词，但是教师对不诚实之类的行为似乎倾向于言过其实，目的是要站在道德制高点。处理学生的抄袭、作弊问题时，教师的夸张做法更不明智。教师一厢情愿地认为违纪者一定会受到其他同学的鄙视，那是自欺欺人。我不希望教师屈尊接受学生对不当行为的辩解理由，简单地把他们的过失定义为违反纪律。但是老师也不能走极端，要记住换位思考的原则，试着从孩子的角度认识那些过错，并努力分析学生的动机。如果教师的解释超过了当事学生的基本认知水平，那就应该在学生可接受的范围内做工作。我们很容易解释其中的道理。

　　英国人更加信守诺言。经常故意说谎、不守信的孩子进入社会后不可能轻易改掉毛病。教师要引导他们认识到总是投机取巧的人容易使意志受到削弱，丧失主动性。孩子们可以理解领会老师的意见。如果学生有不诚实守信的举动，老师动不动就说："我知道你一定在说实话，可以相信你没有骗人。在此前提之下，你也必须诚实待人，不辜负我的信任。"学生不会觉得老师是在夸大其词，而是很有道理，也不会认为那是职业性的套话。我们可以对一些学生提出较为严格的要求，但要有的放矢，能真正触及问题的实质，而不能让犯错的学生不受惩戒。要向学生强调失信和欺诈行为在任何情况下都是违反纪律的。如果学生有更充分的理由不听从老师的话，那么教师有必要找到背后真正的动机。我遇到的大多数学生无论如何都会努力比较哪一种动机更好。

现在必须说说教师光环背后的令人不安的心态，他们会先入为主地认为无德恶行可能在他的学生当中普遍存在，并为此忧心忡忡。

一些教师最初尽量回避问题，这样就没有了担心和纠结。可是一旦发现任何犯规违纪的现象，他们又会果断采取严厉的措施应对。我认为这种做法既不明智，也不公平。公学的孩子正处于少年向成人过渡的关键年龄，他们一定会遇到各种诱惑。人类的正常本能和冲动开始在孩子的心中萌动，可是他们不能完全掌握道德的自控能力。一部分孩子天性单纯可爱，能够历经岁月考验不会变质。有的孩子的本性正常，如果后天成长的社会环境是洁净的，他们也会保持原来的纯真；个别孩子并非天生顽劣、故意走歪路，他们的基因里可能缺乏自制力，但是继承了放纵自我的偏好。这种孩子把顽劣表现得无所顾忌，只有对惩罚的畏惧才能使他们良心发现。教师必须认识到大多数孩子并非愿意自甘堕落，也很乐意有人能拯救他们；所以教师的责任就是尽其所能伸出援手。

按照学生们的道德标准，坏事一定不能让老师知道，所以老师很可能是最后知晓恶行的人，这是最糟糕的情况。我必须事先提醒大家，鼓励学生向老师告密的打算是完全不现实的，它对教师的形象和师生关系都是致命的伤害。

现实生活中还有一种变态的应对措施。一些教师确实关注学生的品德修养，一致认定或者表面上认为所有学生必须经受各种不良诱惑的考验。我的观点是大多数孩子从来没有机会接触外界的邪恶诱惑。他们从某一所私立学校升入公学，在学校里总有人提醒他们什么是不道德的，哪些是不许做的。可是我认为人们对丑恶现象习以为常之后不仅不会使恶行减少，反而会使其增多。学生们每时每刻听到的都是警告，从任何角度来看，这种过分细致周全的做法都肯定是不对的。

必要的时候，教师要创造机会与家长针对品德问题进行广泛交流。教师向家长探听具体信息是不可取的，但是可以借机征求意见，要求家长把想法如实相告，比如学校里是否存在不如意的地方。有的学生，尤其是好学生，容易夸大事实，仅凭道听途说就认为别人都是坏孩子，所以教师必须谨慎对待家长的所有意见。家长们常说孩子的品行很可靠，因为他们没有干坏事的动机。反思自己的从教经历，我曾认定很多喜欢做坏事的孩子（我现在知道他们完全摆脱了恶习）的根据就是听信了某人的一面之词。

孩子入学后，教师应努力查明他们是否受到过不良的影响。比较容易的切入点是询问学生同什么人交往，教师也因此容易发现学生是否领会了问话的用意。如果有理由怀疑学生没有给出足够的信息，教师还要努力发现他们是否接触过不良现象，并为他们打消因讲实话而受责罚的疑虑。

教师要进一步和学生在善恶标准的理解上达成一致，直言自己的立场和态度：与别的方面相比，老师更看重的一点就是品德，他的班里容不下任何有劣迹的学生。教师应该提醒学生他将时不时地了解情况是否正常，同时明确互信是正常交往的基础，更不能探听或议论其他学生的情况。

我们无法保证学生在这种要求下会有怎样的表现，但是我基本相信这种认识确实帮助很多孩子更加注意品德修养，而且能和大多数同学站在一边，毕竟他们都向往纯真和善良。

我们要郑重警告学生远离罪恶的严重后果——但不能用夸张的语气，也不能为了增加说服力而脱离实际——同时更要严肃地讲明行为检点和心地纯洁给人带来的好处和幸福。

学生之间谈论道德话题时一定会涉及不当言行，所以我努力让学生在言行上循规蹈矩。很多学生如果认定没有人会受到惩罚，他们会向老师坦白自己的确说过坏话。唯一可行的对策是毫无保留地坚持原则。教师不仅不要打听有谁说过那样的话，而且要刻意申明老师不想通过旁证评判学生品德的好坏。有时候我们有必要明辨是非，但是我从来没有做出那种评判，也从未背叛学生对我的信任。如果通过其他途径掌握了自己学生干坏事的证据，那么正常的调查过程当然要马上进行。

男孩子都是十分健忘的家伙，所以不能让他们轻易忘掉校园生活早期的事情。对于低年级学生，尤其是容易受外界诱惑影响和交友不慎的孩子，我会在一个学期安排几次谈心，以便了解他们是否误入歧途；尽可能严肃地重申要求，希望建立良好的班级风气——老师的重视程度远远超过任何其他方面。

这种对策不可能完全成功，其效果也不可能得到精确验证，但是我有理由相信它有助于保持良好的生活作风，减少恶习的形成。

一旦建立了良好风气，那就是令人自豪的一件事。人们应当尽力维护那份自豪感。如果教师能真诚地告诉学生，自己所在的班级因为风气好而出名，那么很多学生都愿意努力保持那份荣耀，他们的向善之心没有丝毫矫揉造作的成分。但是另一方面，没有教师对此有十足的把握，没有廉耻、心地邪恶的孩子可以对集体荣誉造成重大破坏，但是他们能凭借其机灵的头脑躲过老师的怀疑，所以放松警惕的老师很可能受到愚弄。

随着年龄的增长，学生的独立性不断提高，教师不必经常当面询问，但是我认为还要偶尔提醒高年级学生注意品德修养，让他们知道老师对品德的重视程度并没有降低。

我根本不相信面向全体学生讲话能产生满意的效果，无论是集体布道还是训话，都不可能切中要害，更不能顾及细微之处。品德教育应该通过个别交谈和私下交流，而且要根据对象的个性认真调整策略。

集体说教的效果就像用一只大桶同时向几个小罐子里倒水一样难以把握，我们应该把小罐逐个放到桶里才能盛满，同时不会洒溅出来。

我们要坚持这样一种德育理念：教师无权让纯洁质朴的心灵一直受到违背理想的侮辱、诋毁和伤害，也不能用强烈的鄙视和嫌恶进行报复；教师要感到痛心疾首，因为邪恶的诱惑力过于强大，而孩子的抵抗力又太弱，他们正处于人生的关键阶段，非常无助，真诚地希望得到指引，借以摆脱邪恶力量。教师要为没有给予力所能及的帮助而感到难过。

任何对邪恶的容忍和宽恕，或者给孩子自我补救的机会，都是错误的想法。我对此想不出更好的表达方式。男孩子天性好奇，如果有一名学生犯了错，而且别人都知情，一旦打消了顾虑，他就有可能旧病复发，再入歧途。教师应格外小心，做好提前预防，尽量避免这种一时的过错损害孩子的未来成长。实际上，他日后本不应该受到如此严厉的惩罚。我们很容易对罪恶行径产生愤愤不平的心态。而所谓的恶行并不是真正的道德败坏，而是没有恶意的屈从，而且带来不幸的后果。学生当中几乎都存在这种与生俱来的荒唐的思维定式：他们对有损荣誉的恶行没有一点儿宽容，但对违背道德的罪恶也毫不在乎。如果教师能够想方设法改变学生中的这种不正常的道德标准，努力培养他们对丑恶现象的义愤之情，我们就能战胜邪恶。

喜欢危言耸听的人会误导人们相信英国公学里充斥着种种恶习，所有学生必须经历残酷的考验。我本人曾经在一所规模很大的私立学校工作了两年，那时的校园氛围肯定比现在的糟糕，但未曾耳闻任何有悖道德的情况。在公学任教的七年间，也从未接触到任何邪恶诱惑。但是我不否认听说过，而且同时代的很多人也都经历过学校里的一些不堪的粗俗作风。实际上，我有充足的理由相信现在公学里的情况要比20年前好多了。每个人都愿意根据个人经验进行判断，而我的经验是校园里的不良现象并不普遍，有问题的只是少数。当然，如果男孩子自甘堕落，那么物以类聚，人以群分，他们总能找到机会走歪路；可是心地纯洁、品行端正的学生不应该在人生道路上陷入严重的困境之中。

50年前，据说校园中恃强凌弱的现象是很常见的，实际上现在学校里已经没有了。对同学的某种戏弄当然存在，然而另类的孩子即使不受欺负，也会受到同伴的作弄，但是危害性并不大，我们不必大惊小怪，过度敏感。

在强势、明智的校长的带领之下，我所提到的校园恶行已经从一所公学里彻底绝迹了。我满怀信心地期盼着在不久的将来，反常的罪恶将难觅踪迹。人们寄托了全部的希望，而且我也敢于坚持希望。

第十九章
自　律

　　自我克制被认为是品格的精髓，其实，它只不过是勇气的另外一种表现形式而已。莎士比亚正是基于人类品质中的这一自我克制的美德，而将人类界定为"瞻前顾后的动物"。因此，人类与纯粹动物的根本区别，就是人类能自我克制。事实上，人类若是不能进行自我控制，那就永远也不会有真正的人。

　　自我克制是人类一切美德的根本。倘若一个人的行动任由冲动和激情支配的话，那么，从那一刻起，他将失去了完整的道德自由，便会随波逐流，成为一味地追赶时代潮流、一味地追求强烈欲望的奴隶。

　　人类正因为拥有了道德约束，才能抵制本能的冲动。之所以能抵制本能的冲动，仅仅是因为人类具有了良好的自控能力。正是人类的这种自控能力，才真正区分了物质生活和精神生活，也才构成了品格的主要基础。

　　一个人的品质往往由习惯决定，而且由于每个人意志力的强弱不同，习惯既能成为天使，引导人们走向成功之路，也能成为恶魔，导致人们滑向万恶深渊。我们在生活中发现，很多良好的习惯都能经过系统的、认真的、严格的训练而养成。无数生活经验证明，即便是街上的流氓、无赖和邋遢肮脏、整日面朝黄土背朝天的乡村小伙，只要给予他们严格的训练，他们也可以不容置疑地成为勇敢、坚强和富于自我牺牲精神的人。还比如在战场上，甚至在航海时非常危急的关头，诸如"沙拉·桑兹号"起火或"伯克哈德号"遭到严重损坏时，那些训练有素的人往往能临危不乱，向世人展示其真正的勇敢和英雄的品质。

我们说习惯的训练在一个人的品质形成过程中发挥着至关重要的作用，但也不能说道德的训练在品质的形成过程中就无足轻重，因为没有道德约束，也就不可能有正常的生活秩序。一般来说，正常的生活秩序往往取决于自尊意识的培育，取决于服从习惯的教育，取决于责任意识的增强。道德训练有素的人，他们的道德品质也会越高尚，他们的自力更生和自控能力也就越出色，他们遵纪守法的意识也就越强。一个人要想成为一个真正对社会有益的人，他必须自我克制欲望，必须服从道德律令和良心，否则，他就会成为爱好的奴隶，成为情感冲动的牺牲品。

真正的英雄品质，只有注入了忍耐和自我控制的元素，才臻于完美。伟大的汉普登①就具有这种最杰出的忍耐和自我控制的素质，他的这些高尚的品质甚至获得了政敌的认同。克拉伦敦②曾是汉普登的政敌，然而他说："汉普登是一个很少发怒和极其能克制的人，他生性乐观开朗，而且总是温文尔雅、彬彬有礼。因为他内心深处洋溢着对所有人的爱，因此他与别人谈话时总是和声细语，使人如沐春风。他善于言谈，但绝不是一个只会夸夸其谈的人，并且因其具有无可挑剔的品质，所以他说的每一句话都特别有分量。"与克拉伦敦一样，菲力浦·沃里克③也与汉普登政见相左，然而沃里克也说："我毫不夸张地说，没有一

① 汉普登（John Hampden，1594—1643），英国政治家、作家。

② 克拉伦敦（Edward Hyde, 1st Earl of Clarendon，1609—1674），英国历史学家、政治家。他是玛丽二世和安妮女王的外祖父。他虔诚地信仰英国国教，是查理一世和查理二世时期的元老重臣。英国内战爆发后，他成为保王党重臣；在查理二世流亡与回国复辟时，他以首席顾问的身份尽心辅佐，并在1660—1667年成为英国的宰相兼大法官，主持英国政务；他也是《英国叛乱和内战史》的作者。

③ 菲力浦·沃里克（Sir Philip Warwick，1609—1683），英国政治家、作家。伊顿公学毕业生。

个人的魅力能与汉普登先生相提并论。在议会中，汉普登具有非凡的自我克制的品质，他总是能极好地控制自己的激情和情感，因此，他比任何人都具有人格魅力。如果不是汉普登的几句极具洞察力而又特别温和的话语，平息了我们之间的非理智的争辩，或许我们现在毫无意义的争辩至少会持续到第二天天明，也或许我们会死命地抓住对方的头发，然后彼此用利剑刺透对方的心脏。"

强硬的性情并非就是坏的品质，因为一个人的性情越强硬，就越需要他能自律和自我控制。塞缪尔·约翰逊[1]就曾说："随着一个人的年龄和阅历的增长，他会越来越成熟，经验也会越来越丰富，然而，他的能力品质却取决于自己宽容性格的广度和深度。"有时候，人们会因为犯了错误而一步步滑向堕落，然而，与其说是人们的错误使自己堕落，不如说是人们对待错误的态度导致自己堕落。因为，明智的人总能从痛苦中总结经验和教训，以便避免将来再犯类似的错误。然而，对某些人而言，如果他们没有改正错误的勇气和决心，或者在认识错误的态度上出现偏差，那么，他们的经历不但不能使得他们走向成熟，反而会使得他们的心胸变得越来越狭窄、越来越自私，他们也会越来越痛苦，从而走向堕落的深渊。

在年青一代人的身上，有些所谓的强硬性格，经常表现为许多不成熟的热情，如果引导得当，他们的热情将会倾注在一些有益的工作上。斯蒂芬·吉拉德在美国取得了辉煌的成就，他说："我一旦听说单位里有脾气大的职员，就会立刻提拔他，并为他单独调拨一间办公室，让他

---

[1] 塞缪尔·约翰逊（Samuel Johnson，1709—1784），常称为约翰逊博士（Dr. Johnson），英国历史上最有名的文人之一，集文评家、诗人、散文家、传记家于一身。前半生名声不显，直到他花了9年时间独力编出的《约翰逊字典》（A Dictionary of the English Language），为他赢得了声誉及"博士"的头衔，博斯韦尔后来为他写的传记《约翰逊传》记录了他后半生的言行，使他成为家喻户晓的人物。

独自办公。我为什么要这样做？因为我觉得这些脾气大的员工，其实是最好的员工，只要想法避免他们与其他人争吵，那么，他们的热情便会全部倾注在工作上。"然而，性情强硬的人，很有可能仅仅源自一份容易激动的热情，如果他们对这种热情不加控制，就会形同毒液一阵接一阵地强有力地喷发，最终伤害他们自己；如果他们能自己控制这份热情，这份难得的品质就会为他们所用，造福人类。这就好比蒸汽抑制在蒸汽机内一样，如果不加以控制运用，它们便无所用处；倘若能用阀门和控制杆调整和控制使用，就能成为一种有益的能量资源。因此，历史上的一些最伟大的人物，往往都是一些性格坚强的人，并能将他们的动力置于严格的管理和自我克制之下。

声名赫赫的斯特拉福德伯爵[①]，不但是一个满怀激情的人，而且也是一位动辄发怒的人，为了控制自己暴躁的脾气，他一直在努力和自己作斗争。斯特拉福德有一位年长的朋友国务大臣库克[②]，经常极其诚恳地给斯特拉福德提建议，并指出他的不足之处，提醒他不要沉溺在脾气暴躁之中而不能自拔。为此，斯特拉福德深有体会地对库克说："您给我上了一堂非常好的忍耐课，诚然，像我这样的年纪和天性，太容易发怒了。但是我相信，随着人生阅历的增加，我将会慢慢改变我自己的脾气，并且，只要我能及时地检点自己，我也相信自己能完全克服这种脾气暴躁的恶习。在此期间，我的这种急躁脾气还能为人们所谅解，因为我的激情是为了荣誉、正义和利益，而并非总是在无端地生气和愤怒。其实，这种激情却被我滥用了，而滥用激情是应该受到谴责的恶习，正是这种滥用激情才导致了情绪常常失控，有时甚至会泛滥成灾，危害自己，影响他人。"

[①] 斯特拉福德伯爵（Thomas Wentworth, 1st Earl of Strafford, 1593—1641），英国政治家，英国内战的著名将领。

[②] 库克（Sir Edward Coke, 1552—1634），英国政治家、国务大臣。

　　年轻时的克伦威尔 ① 是一个性格倔强、容易愤怒、极不温驯且乱发脾气的人，不但如此，他还富有青春活力，只不过这种青春活力没有得到良好的自控，从而催化了他的恶习，使得他酿造出了许多恶作剧。在当地的镇上，人们都知道他是一个喜欢惹是生非的人，便疏远和冷落他，他自己却不反省和加以节制，反而快速地滑向堕落。然而，就在此时，加尔文派《基督教》铁的纪律抑制了他的倔强性格，并且为他的青春活力和蓬勃热情指明了一个崭新的方向，使得他得以将其汹涌澎湃的青春激情投入到公共生活中去，并最终使他在短短二十年时间之内成为英国最有影响的人物。

　　拿骚王朝 ② 的巨头们都极富自我克制的品质。威廉 ③ 因为能极度自我控制，才被人们认为是沉默的人，然而，他并非一个沉默寡言的人。威廉是一位雄辩的演说家，他在辩论时常常能口若悬河、妙语连珠、舌灿莲花，轻松制服对手。然而，他在不宜说话的时候，往往能管好自己

---

① 克伦威尔（Oliver Cromwell，1599—1658），英国政治人物、国会议员、独裁者，在英国内战中击败了保王党，1649 年斩杀了查理一世后，克伦威尔废除英格兰的君主制，并征服苏格兰、爱尔兰，在 1653—1658 年期间出任英格兰—苏格兰—爱尔兰联邦之护国公。

② 拿骚王朝（House of Nassau），奥兰治—拿骚王朝，本属于两个家族。奥兰治—拿骚家族是自中世纪起一直延续至今的荷兰王族。它的开山鼻祖就是被荷兰人民尊称为"国父"的威廉一世，拿骚伯爵，奥兰治亲王。他和他的子孙正是历史上尼德兰连省共和国以及现今的荷兰王国的缔造者。

③ 威廉，即威廉一世，奥兰治亲王（Willem I，也称沉默者威廉，1533—1584）。奥兰治的威廉是尼德兰革命中反抗西班牙哈布斯堡王朝统治的主要领导者、80 年战争领导人之一。曾任荷兰共和国第一任执政。威廉是一位伟大的政治家，具有卓越的组织才能、机智和耐心，但他不是一个伟大的将军，几乎每战必败，根本是个平庸的将军。但他坚忍不拔地在每次失败后又卷土重来，最终使独立事业在他死后取得成功。在荷兰，人们通常称其为"国父"。荷兰国歌《威廉颂》所咏唱的就是威廉，因为他的人格魅力，使他成为独立与自由的理念象征。

的嘴巴，缄口不言，并且有时在国家的自由出现危险的时候，他能小心
谨慎地将自己的意见封存心里，轻易不与人言。不但如此，他总是能控
制自己，以温和文雅与息事宁人的一面对人，因此有不少政敌大放厥词
说他卑怯、胆小，但是，只要时机到来，他便表现得非常神勇，他的决
心将不可战胜。因此，荷兰历史研究专家莫特利[1]在评价威廉时曾说：
"大洋里的岩石，在波涛汹涌的大海里却稳如泰山，这句格言也常常被
威廉的朋友用来象征他的坚定不移。"

与沉默的威廉一样，华盛顿也因其庄严、勇敢、清白和优秀的人
格，在历史上久负盛名。即使在最困难和最危险的时刻，华盛顿对自我
情感的克制能力也远远超乎常人的想象。华盛顿的自我控制的能力，以
致使得不了解他的人都产生了神话般的遐想，他们认为华盛顿天生就是
一个心平气和、镇定自若的人。然而，华盛顿天生却是一个急性子，他
之所以能做到待人温和、文雅、礼貌，具有处处为人着想的品质，是因
为他在后天的努力中不断地克制自己，不断地控制自己，不断地自严自
律，久而久之，便养成了这种优秀的品质。在贾里德·斯帕克斯[2]所著
《华盛顿传》中，这位传记作家写道："在华盛顿还是一个孩子的时候，
他便开始自我控制和自律品质的训练。他总是热烈奔放，而且极富激
情，在他所经历的许多充满诱惑和激动人心的时刻，正是他坚持不懈的
自我控制，使他最终控制了诱惑、克制了激动。有的时候，他的激情会
特别强烈，以至于会情不自禁地在心里爆发出来，但是他却能在瞬间内
克制这种强烈的激情。他自我控制的性格特征，是他最为优秀的品格之
一。然而，即便他的这种品质也是经过后天的锻炼培养出来的，但是我
可以毫不夸张地说，他的这种品性也与他与生俱来的天性有关，因此他

---

[1] 莫特利（John Lothrop Motley, 1814—1877），美国作家、历史学家、外交官。
　因研究荷兰历史而著称。代表作有《荷兰的崛起》《荷兰》等。

[2] 贾里德·斯帕克斯（Jared Sparks, 1789—1866），美国历史学家、教育家和一
　神论主义者。他于 1849—1853 年担任哈佛学院（现为哈佛大学）的校长。

才能拥有其他人所不具备的人格魅力。"

布莱蒙特在其所著的《威灵顿传》一书中写道："威灵顿公爵也像拿破仑一样，脾气暴躁，极易发怒，但是他能自我控制和节制，因此他才慢慢地摒除了发脾气的坏习惯。特别是到了危险时刻，威灵顿像任何印度首领一样，表现得镇静沉着、头脑冷静、处变不惊。甚至滑铁卢战役打响后，在战争出现极为关键的时刻，他都没有一丝一毫的激动情绪，而是心平气和地发布命令，并且语调甚至能做到比以往更为柔和。"

诗人华兹华斯在孩提时代时就是一个冥顽倔强、喜怒无常和脾气暴躁的人，不但如此，他还对惩罚满不在乎，依旧坚持自我、我行我素，丝毫没有悔改的意愿。然而，一旦他经过生活的锤炼后，脾气秉性便发生了质的变化，他学会了运用自我控制的能力。与此同时，他在孩提时代曾表现出的那些杰出品质，诸如勇敢、坚强等，在他以后的岁月里，使得他对敌人的攻击能坦然漠视。正因为如此，华兹华斯在其一生当中，养成了自尊、自主、自觉和自制的良好品质，被世人所爱戴和尊敬。

另一个典型的例子，便是亨利·马丁教士。在马丁教士还是个孩子时，就不能容忍一些事情，他总是易怒、任性。后来，他认识到自己不成熟的激情是个错误后，便自觉自发地同自己刚愎自用、固执己见的坏习惯长年累月、坚持不懈地作斗争，他也因此逐渐克服了自己暴躁冲动的脾气，并最终养成了忍耐的好品格。

当一个人地位低微，难免会人微言轻，但是，如果他拥有了一种快乐的性情，那么，他的心灵也会变得伟大、积极、高贵和崇高。廷德尔教授曾为法拉第画了一幅特别精致的画，从画中我们能一睹法拉第的性格特征。究竟是一幅怎样精致的画，能让一些与法拉第素未谋面的人也能了解他的性格呢？廷德尔为了将法拉第的性格特征呈现在纸上，特意选取了法拉第在科学事业上自我克制、辛勤耕耘的品质作为模型，恰到好处地描绘在画纸上。在廷德尔的画笔中，法拉第表现得性格倔强、脾气古怪甚至有点儿暴躁敏感，但也不乏温和与激情。大作完成后，廷德尔在其《发现者法拉第》一书中写道:"法拉第有如火山般炽烈的激情,总是容易激动和脾气暴躁,但其高度自律的能力,竟然将火一般的激情化为一束束'光芒',成了他奋斗不止的不竭动力,以至于没有使自己火热的激情白白地浪费掉。"

在法拉第所有性格当中,有一种特别值得人称道的品质,就是他能高度地进行自我克制。正因为他能坚决抵制一切诱惑,从而全身心地投入到分析化学的事业当中,很快便取得了骄人的成就。廷德尔深深地了解法拉第,他说:"纵观法拉第的一生,这位铁匠的儿子、装订工的学徒,曾拒绝了15万英镑的巨额财产,而选择了他所热爱的科学事业。直到他去世时仍旧一贫如洗,但是他却义无反顾地追求科学之路。他抛弃了一切物质享受,摒弃了一切私欲,因此,他的名字才能在40年里一直名列在英国科学名人录的榜首。"

还有一个能极度自我克制的法国人,那就是历史学家安格迪尔。他虽然极端贫困,仅靠面包和牛奶聊以为生,一天的花费还不到3便士,但是却拒绝屈服于拿破仑政权。他的朋友实在看不下去了,便劝诫他说:"如果你病倒了,你将需要政府的救济金救助。你怎么不像其他人那样呢?你得向皇帝献殷勤,你必须仰仗他才能生活。否则,你只有饿死!""那我宁愿现在就去见上帝!"安格迪尔掷地有声地说。直到最后,安格迪尔也并没有死于贫困,到了他94岁病入膏肓时,他对朋友说:"我虽然行将就木,油尽灯枯,但我仍然充满着活力。我并没有屈膝于政府,但我活得非常踏实和自由,活得非常洒脱和知足。"

在生活中,我们要时刻检点自己的言行,只有这样才能获得幸福的生活。正所谓"良言一句三冬暖,恶语伤人六月寒"。在日常生活中,有些恶毒的话语会伤害一个人的心,它们往往比攻击一个人的身体还要让人感到畏惧。恶语本身不是匕首,但恶语对一个人的伤害却要比匕首更为可怕。有一则法国谚语说明了恶语的威力,那就是"恶语的伤害比刺刀的伤害更为可怕"。有时,那些溜到嘴边的刺人的反驳,一旦我们说出来，可能会使对方窘迫不已。但是，溜到嘴边的这些刺耳的话，非常容易脱口而出，这就需要我们养成自我克制的良好习惯。布雷默夫人在其《家》一书中说："老天爷禁止我们说那些使人伤心痛肺的话，它们甚至比锋利的刀剑更伤人心；它们就像一颗毒瘤一样存留在人们身上，影响人们一辈子。"

那些杰出的人物在说话方面总是能做到自我克制。聪明和懂得自我克制的人，总是避免心直口快、直言无忌，他们决不以伤人感情为代价而逞一时的口舌之快；然而那些不甚明智的人，说话时总是口无遮拦、张口就来，从来不顾及别人的感受，也从来不管不问话语出口后的影响。因而，这些轻薄言谈的人，常常会失去朋友，为自己惹来不必要的麻烦。所罗门曾说："明智之人的嘴，在于他们的心灵;愚昧之人的心灵，却在他们的嘴上。"

有的人因为缺乏自我克制和节制的耐心，他们说话时往往就会很轻率。有的人思维敏捷，容易冲动，他们往往谈锋尖锐，容易被各种欢呼、喝彩声所迷惑，因而容易大放厥词，以致为自己带来无穷的后患和伤害。甚至有一些被提名的政客，因为不能抵制诱惑，常常以损害政敌为代价而恶语相向。杰里米·边沁[1]说："一句话的措辞，往往决定许多友谊的命运，有时也决定许多国家的命运。"因此，一个人不该试图写一些含沙射影的尖锐批评的文章来过嘴瘾，抒发胸中的闷气。最为理智和明智的做法就是，千万不要迈出这一步，即便产生了这样的想法，也要将它扼杀在摇篮里。正如西班牙的格言所说："一支鹅毛笔，往往比狮子的爪子还要锋利。"

据说，从长远的观点来看，整个世界都在围绕或支持那些明智的人，因为他们知道该在何时或该怎样保持沉默。在谈到奥利弗·克伦

---

[1] 杰里米·边沁（Jeremy Bentham，1748—1832），英国哲学家、法学家和社会改革家。他是最早支持功利主义和动物权利的人之一。代表作有《政府论片断》《论道德与立法的原则》《经济科学的哲学》《论一般法律》等。

威尔时，卡莱尔说："虽然克伦威尔有着天才的能力，但是他却藏不住秘密，因此，他也就不可能做成任何重大的事情。""沉默"的威廉，在他最主要的政敌眼中是这样一个人：他的嘴巴里绝不会进出一句自高自大、轻率鲁莽的话。与威廉一样，华盛顿在措辞上也极为慎重，即使在争辩异常白热化的辩论中，华盛顿也绝不会恶毒攻击别人或寻求短暂的胜利。

　　一些富有经验的人，经常为他们说过的一些话而后悔不已，但是，他们却从不因为自己没有藏好舌头或者没有保持沉默而感到后悔。正如毕达哥拉斯所说："或者沉默，或者说得恰到好处。"乔治·赫伯特也说："或者恰当地说，或者明智地沉默。"曾被利·亨特称为"绅士圣人"的圣弗朗西斯也说："保持沉默要比疾言厉色地说出真相要明智得多，否则，这些疾言厉色的话就如同不好的调味品，败坏了一道精美的菜肴。"法国人拉科德尔在演讲时，总是先说两句，然后保持沉默。正因为这样，他的演讲往往能给人以巨大的鼓舞。有人对此十分不解，便向他请教其中的奥秘。拉科德尔这样解释道："在演说以后，最能让听众产生力量的方式，就是保持沉默。"但是，在谈话或演讲当中，有时哪怕是一个恰如其分的词，也能在适当的时候产生巨大的力量。正如威尔士的一句谚语所说："黄金般的舌头长在有福之人的口中。"这位有福之人，无非是在最恰当的时机、最恰当的场合，对恰当的对象说出了最恰当的话，因而才产生了无穷无尽的力量。

第二十章
奉献精神

　　写作此书的目的就是想说明学校教师应有献身工作的意识。因为教师的工作决定着很多人的幸福生活，所以这种自我奉献不是指情感角度，也不能停留在口头上，而是一种全心全意投身教育事业的精神。教师不能因此在别人面前大肆炫耀。我听说一位教师假期攀登过马特洪峰[①]，他的同事机智地道破此人一贯的高姿态，他登山的原因就是因为非常喜欢名山大川。遗憾的是有的人做事总要找出冠冕堂皇的动机和理由，他们给人一种道貌岸然的印象，反而自损形象。英国人的性格不是这样的。当然，有一些声名显赫、自视甚高的教师绝对是正人君子。阿诺德博士就是这种品行高贵、端庄正派的人，可是我时常觉得他缺少幽默感，这和他的为人格格不入，成为不利于工作的一种障碍。不容否认的是阿诺德博士的人格魅力和严谨的君子之风给英国的学校教育带来的革命性影响。如果换作平庸之辈或者为人低调的旁人，很难推动教育界的这场革命。《阿诺德的一生》[②]是很有启发性的一本书，字里行间透射出主人公的魄力、善良和质朴。与现实生活中的形象相比，书中的描述更能令人肃然起敬，而且我认为他的影响力虽然能使人尽早成熟，

―――――――――

① 马特洪峰（Matterhorn），阿尔卑斯山最美丽的山峰，也是瑞士引以为傲的象征，吸引了无数登山者，是阿尔卑斯山脉中最后一个被征服的主要山峰。

② 《阿诺德的一生》（Life of Dr. Arnold），英国作家亚瑟·斯坦利（Arthur Penrhyn Stanley）的代表作。

但未必是一件好事。英国历史学家乔治·特里维廉爵士[①]写过一本诙谐的《竞争派》（*The Competition Wallah*），书中提到过那种影响力，如果年轻的公务员投身其门下，很可能受其左右。与之相媲美的是阿诺德所在的大学里有一名年级长，他在入学的第一学期同样见识过恩师的榜样作用。主观上决意要影响他人的思想可能带来好结果，但那是一种自以为是，也是一种伪善的心理。正常人对外在的影响有很强的抵抗力，如果施加者能少一些强迫性，多一些顺其自然的心态，那么效果可能更好。

我认识几位很出色的教师，他们都是很正统的人，但是他们的示范作用可以得到进一步的发挥，如果他们的自负秉性没有像酵母一样在优异的工作中充分发酵，本来可以成为更出色、更受欢迎的老师。

我所提到的奉献另有深意。教师应该侧重自我约束和自我激励，而不是一味控制和驱使他人。在执教过程中要把难免的失败和丢脸的事情视为经验教训，它们恰好证明人们不可能实现全部的理想，总有些力所不及的事情出现；那些经历也有助于净化个人的内在品格。道貌岸然的人往往把失败归咎于他人的毛病，很少检讨自己的不足。

我认为现在教师变成道学先生的趋势还不够严重，但是反向的趋势却很明显。他们有自惭形秽的倾向，看不起自己的职业，把工作看作毫无价值的苦役，出于良心应付工作。这是极不可取的心态。

有一位校长接到任命后，前去拜会主管过大型学校的老前辈。前辈给他提了几条建议，其中一点是把学校里的公务严格限制在正常上班时间进行，他说："六点钟以后，你就是一个闲人。""那么下班之前是什么人呢？"新校长严肃地反问道。我非常反对这种在工作时间以外完全丧失职业意识的态度。我认识一位教师，他十分敏感地意识到教师职业

---

① 乔治·特里维廉爵士（Sir George Trevelyan，1838—1928），英国历史学家、政治家、作家。

存在社交障碍。他的朋友们很有时尚品位，经常问起他的近况。此人没有提到教师职业，无奈地回答说一直在贝德福德那里工作。这当然是很夸张的例子，但却反映出教师当中普遍存在的一种心态，认为教师工作很难做好。

这位教师曾郑重宣告他要过一种苦行僧式的生活。如果他有坚强的自主性，如果每天都要面对简单的，而且经常是索然无味的工作任务，那么按部就班的生活将给他带来足够多的自我修炼机会。许多时候，为了应付那些不愿意干的工作，他必须放弃自己想做的事情。但是他应该明白打乱正常生活的不是那些工作任务，而是他本人。他必须认识到工作是人生的重要组成部分，是对人生很重要的一种磨炼，是所有人必须要经受的。

一位老法官曾经语重心长地对我说："调查糊涂或者很差劲的目击证人时，法官难免产生情绪，如果不在第一时间加以克制，那么法官在审判过程中就可能迷失方向，冲动易怒只会妨碍司法公正，使正义得不到伸张。"假如不能欣然接受生活中那些不可避免的干扰，教师同样也会迷失方向。

教师必须对自己的重要使命进行认真思考。他的任务是尽可能地把一群男孩子培养成好公民；给他们立规矩，纠正他们的错误，给予鼓励和支持。如果一个人体会不到自身工作的美好意义和神圣感，而是应付表面差事，那他就不适合当教师。如果教师以为自己要么是智者，要么是"监狱的看守"，他的态度会变得愤世嫉俗、僵化苛刻。死板的人不受欢迎，而愤世嫉俗的人才更可恶，但是很多教师经常出现这种倾向，他们向学生传授的东西与自己的价值观不相符，想当然地把学生妖魔化，总想着尽可能用最小的付出和最少的气力完成工作。如果教师已经意识到了这种情绪，我只能说他不会为事业做出什么贡献了，应该让位给那些能为教师职业带来更多希望、慷慨和热情的人。

有一点是肯定的，我们不能用肤浅的眼光看待教育工作。不是所有的教师都怀着神圣的责任感和正人君子的使命感。如果提到其他行业，从业者都有很强的责任意识，诚实守信是他们安身立命的根本。但是我不希望看到教师背负过于沉重的负担。从事其他行业的人们都在一定程度上相互依存，比如老板一定要考虑员工的福利、上司必须关心下属的疾苦等。但是教师的职责或存在的理由则有所不同。社会把孩子托付给他们，要求他们把孩子身上的某种东西明确化，无论是智力、身体，还是心灵的成长发展，教师都必须给出明确的指引。那些粗心、懒惰或冷漠的老师必然对孩子造成直接伤害，也必然受到谴责，是与教化育人的理念所不容的。在责任心方面自欺欺人是无益的；懒惰的、不负责的导师，还有管理失当的舍监，都会伤害学生的身心发展，而正确引导和保护学生正是教师的职责。学生在良好的外因作用下能保持心灵的纯洁和良好的稳定状态，而缺乏责任心的老师则可能腐蚀学生的灵魂。我们没有必要危言耸听，但是不管怎样，现实都是不容回避的。即使良知尚存、心怀忧虑、工作勤勉的教师可能存在深深的自责，但如果没有原则性、失去了追求目标和理想信念，这对于教师就等于严重的犯罪，应该受到相应的惩罚。

教育工作中常有的现象是人们回首过去上学的经历时，总会记得当时老师的种种恶行。人们无法理解的是正直的人如何能坐视不管，任由那些恶行继续下去。远的不说，以上世纪的伊顿公学为例，当时的校董和教师都是品行端正之人，甚至给人神一般的感觉。可是他们对学生宿舍里出现的不良现象不闻不问，要知道那些事都是令文明社会蒙羞的恶行。霍奇逊校长刚到伊顿任职时，他的马车驶过宿舍门前时说了一句话："天啊，我一定要为孩子们做点什么。"在某种程度上，家长和教师当然要承担同样的责任，但是人们却没有积极改变现状。家长即使知道学校里的不良风气，也不会让孩子转学，更不会再三向老师反映问题，因为他们担心孩子可能因此不得人心、受到迫害。他们始终怀着渺茫的希望，认为情况终究会好转。教师要警惕现实生活中的"黑洞"，经常自问工作中有无让下一代人觉得极荒谬或可耻的地方。因为英国各地很多教师在迫切地深入研究当前的教育现状，所以我认为 50 年前的教育工作者不会认为现在的体制能糟糕到哪里，但是我深信盲区依然存在，有良知的后辈将会对此产生疑问和不满。因此我们应努力消除成见和保守思想，尽管解决问题的难度巨大，但要积极地用理性和自由精神分析问题。我们所面对的学生可能冥顽不化，视野狭窄，不能正确对待个人利益。教育工作不可能包罗万象、无所不及，但一定要有针对性，要注重个体差异。对付校园丑恶现象的良方是让更多有强烈责任心和事业心的人充实到教师队伍中，而且为人师者还要具备丰富的情感、同情心和耐心、过人的知识、平和的心态以及开阔的视野。

如果这本书能引发一些教师的思考，使他们用全新的视角审视教师职业，进而调整思路，明确自己的追求目标，那么我的目的也就达到了。这本书不是为了介绍成功者的经验，而是普通教师的心声，他深知自己哪里有失误和不足，并且愿意不断改进。

责任重大的工作会带来不菲的回报。即使有些许遗憾和惋惜，从教生涯结束之际，教师也能在回顾那一段积极有益的生活时，不必再怀疑工作是否有意义。教师不必指望职业能带来可观的物质回报或很高的美誉度。教师的形象可能在稚嫩的学生眼中是高大无比、无所不能的超人。若干年后，学生再次见到恩师后却发现他们变成了萎靡不振、目光短浅、心胸狭隘的老先生，只能无可奈何地沉浸在往昔的无限追忆当中。当老师的必须默默接受这一现实。但是他们可以结交很多非常要好的朋友，许多人会感激老师的奉献。学生的感恩之情甚至让老师有了承受不起的想法。回归以往，如果老师的付出能让一些人的脚步变得更加坚实，让一些人变得更加勇敢和坚强，帮助某些孩子战胜了邪恶，把一群孩子培养成勤奋、友善、幸福的人，那么他已经把一生献给了一项崇高的事业，他也会心生感恩之情。他的心中将会留下很多美好的回忆、真挚的思想和美妙的经历。教师注定要在这个纷繁复杂的世界里扮演实实在在的重要角色，可是如果他在才智上比常人逊色，对奇妙的生活缺少一分激情，对一切都处变不惊、心静如水，那么他肯定是一个难缠的、令人生厌的人。

第二十一章
灵魂的升华

　　年轻人带着喜悦和热情走入人生，世界在他面前流光溢彩，他们似乎将拥有一个遥远而阳光灿烂的前程。但时间迅速浇湿了他们的热情，早晨充沛的精力无法在一整天之后保持到夜晚。青春易逝，年龄增长，最终，他必须顺从地变老。

　　但生命的终点其实就是他以往生活的结果，言行不可改变，它们与性格混在一起，传给来世。过去永远与我们同在，杰勒米·泰勒①说："每一种罪恶，都在第一次开口时展露笑容，在脸上焕发容光，在唇上抹上蜜糖。"当生命成熟时，作恶者并未在他的作恶途中停止，他只能惴惴不安地期待充满恐惧和绝望的老年生活。

　　但是，善的信仰形成一套任何武器都无法戳穿的盔甲。塞西尔②说："真正的宗教是生活、健康和灵魂的教育；无论是谁，只要真正拥有它，就因奇异的鼓励而能强有力地去说好每一句话，干好每一件工作。"

　　但我们必须走了，我们曾熟悉的地方将再也不会认识我们。看不见的使者常常就在附近。卡莱尔说："对忙人和闲人一视同仁的使者，总在人们享受快乐或工作时把人逮走，改变人的容颜并把他送走。"巴尔扎克说："可怜的爱德华正值青春盛年，就被夺去了生命。他已把马车

---

① 杰勒米·泰勒（Jeremy Taylor，1613—1667），英国作家、牧师。
② 塞西尔（William Cecil，1520—1598），英国著名政治家。

和赛马骑师作为特使送到了人间最大的主宰——死神那里。”

这适用于所有人，我们每天都在用自己的牙齿自掘坟墓。沙漏是生命的徽章，它缓慢地漏着，直到不可避免地漏完最后一粒，然后归于寂静——死亡。即便是君主也要跨过他先辈的坟墓来接受加冕，然后又被他们拉入坟墓。

在埃斯库里亚尔修道院时，威尔奇[1]看到了提香[2]创作的名画《最后的晚餐》，一位年老的叶罗尼米特人对他说：“我每天都坐在这儿看这幅画，至今已将近 60 年了。在这段时间里，我的同伴们一个接一个地长眠地下，他们当中有的是前辈，有的是我的同龄人，而许多或大多数比我年轻的一代人都已逝去，而画中的人依然没变！我一直看着他们，有时认为他们才是真实的人，而我们只不过是影子。”但日子到了，这个老修道士自己也被死神带走了。

老年人必须给青年人让路，这对那些比他们自己更年轻的人同样也适用。当日子老去，我们只能像植物般停止生长，成了自己和别人的负担，而最糟糕的是，我们仍然渴望活得更长。“当我看到周围那许多的老年人时，”伯瑟斯[3]说，“我就想起腓特烈大帝[4]对他那些面对必死无疑

[1] 威尔奇（David Wilkie, 1785—1841），英国画家。

[2] 提香（Titian, 1488—1576），意大利文艺复兴后期威尼斯画派的代表画家。在提香所处的时代，他被称为“群星中的太阳”，是意大利最有才能的画家之一，兼工肖像画、风景画及神话、宗教主题的历史画。他对色彩的运用不仅影响了文艺复兴时代的意大利画家，更对西方艺术产生了深远的影响。

[3] 伯瑟斯（Justus Perthes, 1749—1816），德国出版家。

[4] 腓特烈大帝（Frederick the Great, 1712—1786），普鲁士国王，军事家、政治家、作家及作曲家。统治时期普鲁士军力大规模发展，领土大举扩张，文化艺术得到赞助和支持，“德意志启蒙运动”得以开展。其使普鲁士在欧洲大陆取得大国地位，并在德意志内部取得霸权，向以普鲁士为中心武力统一德意志的道路迈出第一步。腓特烈二世是欧洲历史上最伟大的名将之一，也是欧洲“开明专制”君主的代表人物和启蒙运动时期的文化名人，在政治、经济、哲学、法律、音乐等诸多方面都颇有建树，为启蒙运动一大重要人物。

的命运而犹豫的掷弹兵所做的训诫：'你们这些狗东西！难道你们会永远活着吗？'"

伟大的居鲁士①曾在自己的墓碑上刻下这样的话语："哎，人哪！不管你是谁，不管你何时到来（因为我知道你会来），我是居鲁士，波斯帝国的缔造者；不要忌妒我葬身所在的三尺之地。"亚历山大大帝②来此谒陵时，被这一碑铭深深感动，因为这一碑铭把俗世万事的变幻无常和兴衰成败都呈现在了他面前。居鲁士之墓已被掘开，亚历山大大帝下令把亵渎神明的掘墓人判处死刑。

薛西斯一世③一生所做的唯一一件明智的事就是他看到自己全副武装的100多万军队时的沉思——这庞大的军队中没有一个人能够长命百岁。这一想法似乎是感情刹那瞬间的真理之光。

伯利克里④在生命的最后时刻说，尽管人们都在为他所做的、而别人可能会和他做得一样好的事情而称赞他，但他们却忽视了他品质中最

---

① 居鲁士（Cyrus，前576—前530），波斯帝国创建者、阿契美尼德王朝第一位国王。在他的统治下，帝国不仅囊括了古代近东的所有文明国家，还包括了大部分西南亚和一部分中亚及高加索地区。他的帝国从西边的赫勒斯滂到东边的印度河，是前所未有的最大帝国。他的称号的全称为大帝，波斯国王，安善国王，米底国王，巴比伦国王，苏美尔和阿卡德国王，四方之王。他还通过居鲁士圆柱宣布了历史上第一份重要的人权宣言。

② 亚历山大大帝（Alexander the Great，前356—前323），古希腊马其顿王国国王，是古希腊著名王室阿吉德王朝成员。他在战场上从未被击败，且被认为是历史上最伟大的将军之一。

③ 薛西斯一世（Xerxes，约前519—前465），阿契美尼德王朝的国王。他可能是《圣经》中提到的波斯国王亚哈随鲁。

④ 伯利克里（Pericles，约前495—前429），雅典黄金时期（希波战争至伯罗奔尼撒战争）具有重要影响的领导人。他在希波战争后的废墟中重建雅典，扶植文化艺术，现存的很多古希腊建筑都是在他的时代所建。他还帮助雅典在伯罗奔尼撒战争第一阶段击败了斯巴达人。尤为重要的是，他培育了当时被看作非常激进的民主力量。他的时代也被称为伯利克里时代，是雅典最辉煌的时代，产生了苏格拉底、柏拉图等一批知名思想家。

伟大最光荣的部分——"没有一个雅典人会永远把财富用于哀悼。"

绝望会抓住那些欲望无边并最终看到自己野心之极限的人。亚历山大大帝之所以哭泣，是因为再也没有王国可以征服。印度的第一个穆罕默德征服者马哈茂德苏丹①的经历也如出一辙，他感到自己快死时，命令把所有的金银财宝都摆在面前。他俯视着这些财富，哭得像个孩子。"哎！"他说道，"身心的疲惫是多么危险的事呀！为了得到这些财宝，我忍耐了多少苦难！为了保护这些财宝，我操了多少心！可是现在我就要死了，就要离开它们了！"他被葬在自己的宫殿里，据说他那悲伤的魂灵后来就在此徘徊。

还有那可怜的曼彻斯特制造商，他攒下了万贯家财，他把一大堆沙弗林②堆放在床单上，心满意足地抚摸它们，目不转睛地欣赏它们，双手放满金币，并把金币一个接一个川流不息地从上往下扔，发出叮叮当当的声音以饱耳福。而他死了之后，却并不比他门口的乞丐富多少。

法兰西国王查理九世③之死是可怕的。他曾下令在一个恐怖之夜屠杀了圣巴特罗缪的胡格诺教徒，在临终时，他被这一屠杀的恐怖景象所困扰，因而对自己的外科医生阿姆布罗斯·帕雷说："我不知道为什么，但过去几天，我总感觉在发烧，身心不宁，无时无刻，不管是睡着还是醒着，被杀害者满是鲜血的尸体就在我眼前缠绕。噢，我多么希望当时能赦免了那些无辜而愚昧的人！"他死于大屠杀两年之后，直到生命的最后一刻，圣巴特罗缪大屠杀当日的恐惧还一刻不停地萦绕在他心头。

---

① 马哈茂德苏丹（Mahmoud, the Ghiznevide, 971—1030），伽色尼王国的最著名、最英明的帝王。统治期间征服伊朗东部土地、西北印度次大陆，涵盖大部分今天的阿富汗、伊朗东部、巴基斯坦和印度西北部。是首位以苏丹（权威）自称的统治者。

② 沙弗林（sovereigns），英国旧时面值 1 英镑的金币。

③ 查理九世（Charles IX，1550—1574），法国瓦卢瓦王朝国王。

西尼·史密斯 ① 曾参观霍华德城堡，他和塞缪尔·罗米利爵士 ② 站在门廊的台阶上，凝视着眼前美丽的景色和极目所览的家族陵墓，好一会儿他举起双臂喊道："啊！正是这些东西使死亡如此之可怕。"

当红衣主教马萨林被告知他的生命只剩下两个月的时间后，他在充满精美艺术品的美丽走廊踱步，喊道："我必须放弃那一切。为得到所有这些东西，我忍受了多少痛苦！而现在，我再也不想看见它们了！"布里纳来看望他，红衣主教挽住他的胳膊，说道："我非常虚弱，没法看许多东西了。"而后，他再次陷入忧伤："我的朋友，你看到科雷吉欧 ③ 那美丽的油画了吗？还有提香的维纳斯、安尼巴莱·卡拉奇 ④ 那无与伦比的油画！噢！我可怜的朋友，我必须放弃所有这一切。再见了，我深爱的价值高昂的油画！"但还有比死亡更糟的事。死亡并不是降临到人身上的最大灾难，死亡摧毁人，但也使人尊贵。爱比死亡更伟大，履行责任使死亡变得宁静，耻辱使死亡变得可怕。亨利·范内爵士在希尔塔被执行死刑前说："我赞美上帝，我并未失去我为之受难的正义目标！"当华尔特·罗列爵士 ⑤ 被押到砧板上时，行刑官告知他得头朝东躺下，他答道："不管头朝哪儿，我的心无比端正。"

从前，当一个大元帅濒临死亡时，他身边的那些人都称颂他取得的一个个胜利和他从敌人那里夺得的国旗数量。"啊！"这位老战士却说，"你们称之为'光荣的'行动是多么不起眼哪！所有这些都顶不上上帝

① 西尼·史密斯（Sydney Smith, 1771—1845），英国作家、学者。
② 塞缪尔·罗米利爵士（Sir Samuel Romilly, 1757—1818），英国律师、政治家、立法改革家。
③ 科雷吉欧（Antonio Allegri da Correggio, 1489—1534），意大利画家。他是文艺复兴时期帕尔马画派的创始人，创作出 16 世纪最蓬勃有力和奢华的画作。他的画风酝酿了巴洛克艺术，而其优美的风格又影响了 18 世纪的法国。
④ 安尼巴莱·卡拉奇（Annibale Carracci, 1560—1609），意大利画家，巴洛克绘画的代表人物之一。
⑤ 华尔特·罗列爵士（Henry Vane the Elder, 1589—1655），英国政治家。

的一杯凉水。"

约翰·莫尔爵士[1]在拉科鲁尼亚战场上被击倒在地，军医迅速过来帮他疗伤，他叫道："不，不！你对我没有用，到战士们那儿去，在那儿你可能更有用。"尼尔森临终前的最后一句话是："感谢上帝，我已说了我的义务，我已尽了我的义务！"沃尔特·司各特爵士[2]在临终床上对儿子说："我亲爱的儿子，你要做个好人，要做一个品德高尚、虔诚的好人。除此之外，在你躺在这儿时，别的任何东西都不能给你安慰。""好好活着！"塞缪尔·约翰逊临终前说道。

康德80岁辞世，几乎直到最后一刻他还保持着精力。在生病期间，他对于自己不久于人世说了许多。"我不畏惧死亡，"他说，"因为我知道如何去死。我向你们保证，如果我知道今夜将是我的最后时刻，我将举起双手说'赞美上帝'！如果我曾给同类带来痛苦，那么，情况就会两样了。"

康德曾说过："如果剥夺人的希望和睡眠，你就把他变成了世界上最悲惨的生命。因此，我们感到生命那令人疲惫的重负，远远超过我们这弱小的天性所能承受的限度，而只有满怀希望地艰难攀登比斯迦山时才会感到快乐。"

我们进入生命的方式只有一种，而走出生命的途径却有上千种。生与死只不过是生命的自我循环。我们能去做、去劳动、去爱我们的同类，并承担起对他们的义务。如果我们能正视未来，那么，我们就必须勇敢地天天工作。正是坚信死后会有另一种存在，在那里，每双眼中的泪水都会擦干，我们才能够度过今生的忧愁和困苦。一个人在来世的真正财富是他今生对同类所行的善。当他临死时，人们会说："他留下了什么财产？"但考验他的天使将问："你来此之前都做了什么善事？"

---

[1] 约翰·莫尔爵士（Sir John Moore，1761—1809），英国著名军事将领。

[2] 沃尔特·司各特爵士（Sir Walter Scott, 1st Baronet，1771—1832），苏格兰著名历史小说家及诗人。

　　阳光下的一切都要面对终结。最后一页书，最后一次布道，最后一次演说，生命的最后一个动作，死前的最后一句话。"这里长眠着……"是常用的墓志铭。到那时，所有心灵的秘密都将最终剖析出来——在最后一天。

附
伊顿公学简介

伊顿公学是英国九所独立的寄宿
学校之一，目前约有 1400 名 13 至 18
岁的学生，都是由中学读到大学预科
的男孩，这也是英国仅存的四所专收
男生的学校之一（另外三所是温切斯
特学院、哈罗学院和莱德利学院）。

◎伊顿公学校徽

过去，伊顿公学是专门面向英国与外国的贵族开放的，威廉王子与他的
弟弟哈里王子都是该校的校友。伊顿的入校标准是非常严格的，在过去
的时候甚至还要从一出生就要排队。在 20 世纪 90 年代中期，伊顿培养
的学生进入牛津与剑桥大学的比例是最高的。现在，伊顿公学已经致力
于提高大众教育质量，陆续开办了合作校，并在奖学金和免费教育方面
做出了努力。

学校学期

伊顿公学一年有三个学期。

米迦勒学期（The Michaelmas Half），从 9 月到 12 月中旬。现在，
新入学的学生一开始都是从米迦勒学期开始的，特殊的情形除外。

四旬斋学期（The Lent Half），从 1 月中旬到 3 月底。

夏季学期（The Summer Half），从 4 月底到 6 月底或是 7 月初。

◎大卫·罗根（David Loggan）1690 年绘制的伊顿公学鸟瞰图

住　宿

国王学院宿舍

国王学院宿舍（King's Scholars）是专门为 70 名国王学院的学生提供住宿的，这些学生都获得了国王基金会提供的奖学金或是每年在考试中因为成绩优异而获得了奖励。这些学生有时要支付很高的学费。可以在国王学院宿舍里居住的学生都会在他们的名字后面加上"KS"这两个字母，他们要穿着类似绅士的黑色燕尾服、白色衬衫、圆领扣、黑色的马甲、长裤和皮鞋。

校外寄宿生

随着伊顿公学的不断发展，越来越多的学生都选择自费居住在学校周边的地方，也就是住在学校原先建筑之外的地方。这些学生被称为校外寄宿生。每一个住宿的地方都有一个正式的名字，用来表明住在伊顿公学之外的学生。一般来说，这些住宿管理者的名字第一个大写字母或是姓氏的字母，都是可以表明他们是住在校内还是校外的。

住宿管理

除了舍监之外，每一个宿舍楼都有一名舍长以及负责管理学生运动方面的老师。一些宿舍楼还不止有一位这样的老师。宿舍楼的教务长之前是从最高年级的学生中挑选出来的，但这样的传统已经一去不复返了。

每天晚上 8 点 5 分到 8 点 30 分左右，每一个宿舍楼的学生都要聚集起来，在"祈祷"时间里进行活动。舍监与学生们都有机会进行发言。有时，学生们还可以进行一些娱乐活动，比如很多的宿舍楼之间的竞争就通常以竞技体育的方式表现出来。

学校制服

伊顿的校服是类似绅士的黑色燕尾服、白色衬衫、圆领扣、黑色的

◎ 1932 年伊顿公学学生们着正装参加 6 月 4 日节

马甲、长裤和皮鞋。这套行头要 700 英镑，加上配套的成打衬衫、领带等，装扮一个伊顿人，至少要好几千英镑。在黑色燕尾服中，有一些带披风的，那是国王奖学金获得者的标志（伊顿校服最早是乔治三世去世时人们为悼念他而穿）。有些穿不同颜色马甲的，是伊顿 5 年级的"明日之星"，他们是从所有获奖者中选出的佼佼者。如果配有银色扣子，则代表最高级别的优秀学生，他们有权参与学校政务。通过这些日常服饰上的变化，突出竞争中优胜者的地位，使他们理所当然地鹤立鸡群，让学生充分体会优胜者的优越感、荣誉感。校长、教务长、舍监和各学科负责人也有不同的黑色学袍，稍微正式的场合，学袍一穿，犹如宫廷朝服，也是等级分明。

教　学

学生与老师的比例是 8：1。就一般的教学标准来说，这是比较低的比例。每个班级的人数从低年级的 20 至 25 人到高年级的 10 人左右。

舍监的首要任务就是保证学生们能够正常地学习，当然也还会有一名教学的辅导老师帮忙分担。这些老师的职责是按照学校设置的课程标准而发生变化的。

开学第一天，全校师生都会领到一本叫 Fixtures 的小绿本，便于携带。上面印着每个教师、学生的名字，校领导的电话及其管辖范围，学校各部门的电话号码，详细标明每个学生的宿舍，更把整个学期每一天（具体到几点几分）的活动日程都列在上面。如此细致的安排，可以让学生有选择性地计划某一天要参加某项活动，预先制订好自己一学期的学习计划。大家都按照这本"圣经"行事，绝对不会弄错日期和时间。

每个晚上，大约有 75 分钟作为安静时刻。在这段时间，学生们可以进行学习，或是为老师要讲的课程进行预习。当然，安静时刻是没有那么正式的，学生如果没有什么重要的事情做，是可以去其他宿舍串门的。

社　团

伊顿公学有数十个社团，很多学生都可以按照自己的兴趣参加社团，并就某个话题进行讨论，一般都会有一位老师作为主持，也会有一些客座的发言者。一些社团只是单纯集中在音乐、宗教、语言等方面。

每天下午放学以后，是学生们进行社团活动排练的时间。比较受欢迎的是戏剧、音乐、军事和政治，介绍东方文化的东方协会也很受学日语和中文的学生的欢迎。晚上 8 点是各种各样社团活动表演或展示的时候。活动之前会提前几天甚至两个星期通知学校全体师生，戏剧、音乐会或军事表演需要凭票进场。男孩们的舞台剧表演水平非常精湛，可以与专业演员相媲美。

◎伊顿公学社团集市上的小商品

激励与惩罚制度

伊顿公学建立了一套比较完善的奖励系统，激励学生不断追求卓越。若是学生取得了优秀的成绩，那么他的指导老师也能获得奖励，他的成绩单也可能会被"永久地封存起来"，用来激励后来的学生。若是学生在某个领域中取得了不凡的成绩，那么他就会获得校长所颁发的"努力进步奖"。

要是学生在上课或是参加其他事务的时候迟到了，那么他就需要在"缺勤表"上签名。那些迟交作业的学生也需要在"缺勤表"上签名。要是学生犯了比较严重的错误，那么他就会被叫到校长那里谈话，如果是低年级学生，会被叫到负责低年级的老师那里训话。这就是所谓的"训话过程"。学生要是犯了很严重的错误，可能会遭到驱逐出校或是暂停上课的惩罚。一般来说，要是老师在上课的时候迟到15分钟，学生就可以说老师缺课了。

体　育

体育运动是伊顿公学的一项非常鲜明的特点。伊顿公学有非常多的运动场，包括阿格尔运动场、荷兰人运动场、高年级俱乐部、低年级俱乐部、美索坡塔尼亚运动场（位于两条小溪之间）。

在米迦勒学期，体育课程基本是由足球以及橄榄球组成的，也有少数学生参加皮划艇运动。

在四旬斋学期，主要的体育运动集中在运动场上，也就是足球运动。伊顿公学的一大特点就是，不允许学生同外校的学生进行竞争。在这个学期里，一些学生还非常喜欢玩英国式足球。哈里王子就非常喜欢这项运动，所以也获得了国人的关注。在校长的帮助下，曲棍球场馆也是很多学生喜欢去的地方。

在夏季学期，主要有两种运动，一是到泰晤士河上划艇，二是去玩曲棍球、网球等。

多尼湖位于白金汉郡，是由伊顿公学所有，曾经在 2012 年承办过夏季奥运会的皮划艇比赛以及世界青年划艇锦标赛。

◎伊顿公学的赛艇俱乐部

与哈罗公学在公爵板球馆举办的年度板球比赛是历史非常悠久的比赛，从 1805 年就开始了。从 19 世纪开始，很多伦敦的社团都会参加这项比赛。到了 1914 年，这项为期两天的比赛吸引了多达 3.8 万人来欣赏。1910 年的比赛更是登上了当时的全国头条。但在那之后，国人对此的关注度急剧下降，现在这项比赛只是为期一天而已。

泰晤士山谷竞技中心有一条跑道，每年都会举办越野障碍赛马比赛。

1815 年，伊顿公学开始制定相关的足球规则，这是世界历史上第一次有关于足球比赛的成文规则。

音乐与戏剧

音　乐

伊顿公学现任的音乐总监是蒂姆·约翰逊。伊顿公学拥有八个乐队以及整幢用于音乐训练的建筑（表演的地方包括学校大厅，法雷尔剧院以及两个大厅：帕里大厅以及音乐大厅）。学生们在伊顿公学里可以进行多种乐器的学习，其中包括让人们觉得比较陌生的迪吉里杜管这种乐器。伊顿公学经常派学生参加国家性的音乐比赛，很多学生都是国家青年交响乐团的成员，而学校也会为那些具有音乐天赋的学生提供奖学金。伊顿公学前任的音乐总监拉尔夫·阿尔伍德就曾创办了伊顿合唱队，每年夏天的时候都会在学校进行演出。

在 2009 年，伊顿公学的音乐实力得到进一步的宣扬，因为一部《叫阿历克斯的男孩》的纪录片开播了，这部纪录片主要讲述阿历克斯·斯托布斯这位前伊顿学生的音乐故事，重述了他曾克服重重困难去指挥乔汉·塞巴斯蒂安·巴赫的作品过程中的故事。

戏　剧

伊顿公学每年都要上演许多出戏剧，这里有一个叫法雷尔的大型剧院，可以容纳 400 人同时观看，还有两个摄影剧院，分别为卡西亚剧院以及空旷空间剧院，分别可以容纳 90 人与 80 人。每年都会有 8—9

部的戏剧作品，有3—4部"独立"的戏剧（并不单纯局限于学生的作品，还有很多是之前毕业于伊顿公学的人去参加导演或是资助的），还有三个学校举办的戏剧，其中一部戏剧是专门为刚进校两年内的学生准备的，另外两部戏剧则是面向所有学生的。伊顿公学所排演的戏剧都收获了很好的声誉，所以几乎每个晚上的门票都会被预订一空。排演的地方也是经常会发生变化的，从体育场到诸如高中部或是学院部所在的历史性建筑。

最近几年，伊顿公学推出了《酒神巴克斯的女伴》（2009年10月出品）、《前往座谈会路上发生的有趣事情》（2010年5月出品）、《樱桃果树》（2011年2月出品）、《约瑟夫·K》（2011年10月出品）以及《撒拉诺·德·博格拉克》（2013年出品）。2012年10月就已经出品了戏剧《麦克白》。通常而言，来自圣乔治学院、阿斯科特学院、圣玛丽学院、温莎女校以及西斯菲尔德圣玛丽学校的女生都会在这些戏剧中扮演女性的角色。伊顿公学的男生还需要负责灯光、声音以及舞台布置等工作，当然这是在全职的专业剧院员工的帮助下完成的。

每年，伊顿都会聘请一位"客座导演"以及为期一年的职业导演，指导学生们进行戏剧的排练，教会他们一些有关戏剧以及剧院研究等方面的知识。

伊顿公学还在爱丁堡的点火设计节日里演出了几部戏剧，这包括《双锋戏剧》《苹果》《唤醒的春天》《几乎与青蛙没有任何关系》以及《大火烧过新泽西》等话剧。这些作品几乎都是由在伊顿就读的在校生以及从伊顿毕业的学生所创作的，而后两部话剧则是由毕业于伊顿的学生所导演的。

伊顿公学的戏剧系由哈利兹·艾米丽·奥斯本担任系主任，当然也还有其他几名老师。西蒙·多尔曼迪直到2012年底才离职。伊顿公学为那些从事"英文戏剧研究"的学生提供GCSE和A-LEVEL水平考试（升入英国名牌大学的主要途径）。

节日庆祝

伊顿公学最出名的节日就是"6月4日"，旨在庆祝国王乔治三世的诞辰，因为他是伊顿公学最伟大的资助者。在这一天，举办的活动有船只游行，皮划艇队员划着木制的皮艇从河边穿过。与女王的官方生日相似的是，"6月4日"的节日再也不是在6月4日举办了，而是在6月第一个星期的周三举行。伊顿公学同时还庆祝圣·安德鲁日，在这一天伊顿公学的足球队就会开展比赛，以示庆祝。

学校杂志

《少年报》（Junior Chronicle）与《编年史》（Chronicle）都是伊顿公学公办的学校杂志，其中《编年史》杂志更是创办于1863年。这两份杂志都是由伊顿公学的学生所编辑的。虽然要经过审查，但《编年史》却有着讽刺与攻击学校政策的传统，当然杂志也还记录着伊顿公学近期发生的事情。

《校外寄宿生》这本杂志始创于1828年，每个学期都会出刊一次，内容包括伊顿公学的体育运动以及发生的一些专业事件。但是，这本杂志已经不复存在了。

其他的学校杂志，包括《光谱》（Spectrum）、《艺术评论》（Art Review）以及《伊顿的时代精神》（The Eton Zeitgeist）已经出版了，各个院系所独立出版的诸如《洞穴》（Cave）属于哲学系的，《伊顿经济学》杂志则是属于经济系的，《科学的伊顿人》则是属于科学系的。最近刚刚出版的一份杂志《词典》则是属于当代语言学系的。

慈善现状与费用

在2010年12月18日前，伊顿公学按照英国法律（1993年颁布的《慈善法案》）可以免除慈善捐赠方面的税款。在2006年新修订的《慈善法

案》里，伊顿公学成为一个例外的慈善组织，所以必须要在慈善委员会
那里备案。现在，伊顿公学已经成为英国一百大慈善机构中的一员。作
为一个慈善组织，伊顿公学能够享受数目巨大的税收减免。已故的前任
哈雷伯里校长大卫·杰威尔就曾说，单是在1992年，税收减免就能够
让每一位学生少交1945英镑的学费，虽然他本人与伊顿公学没有任何
直接的关系。这样的补贴被工党政府在2001年发布的政府资助奖学金
的项目启动之后遭到废除。但是，任何按照这一计划进入到伊顿公学就
读的学生都意味着他们所获得的政府补助要比之前少许多。伊顿公学校
长托尼·利特就曾说，伊顿公学提供给当地社区的免费帮助（包括免费
使用他们的设施）都要比作为慈善组织所收到的税收减免具有更高的实
际作用。在2010年到2011年间，每位学生的学年费用大约为29862英
镑（为48600美元或是35100欧元），虽然在奖学金的补贴之下，这笔
费用会下降不少。

伊顿毕业生

在伊顿公学上过学的人都会被称为"老伊顿生"。

到目前为止，伊顿公学培养了19位英国首相，包括罗伯特·沃尔
浦尔爵士、威廉·皮特公爵、威灵顿公爵、威廉·爱华特·格拉斯通，
亚瑟·詹姆斯·巴尔福尔，哈罗德·麦克米兰以及大卫·卡梅伦等。

泰国前总理阿披实（2008—2011年担任泰国总理）也曾是伊顿公
学的学生。

伦敦的前市长博里斯·约翰逊（2008—2012年担任市长）毕业于
伊顿公学，而现任的坎特伯雷大主教贾斯丁·韦尔比也是从伊顿公学毕
业的。

赫胥黎、雪莱、罗伯特·布里奇斯、乔治·奥威尔、安东尼·鲍威
尔、塞里尔·科诺利与伊恩·弗莱明等人都是从伊顿公学毕业的。中
世纪研究学家与恐怖故事作家詹姆斯从1918年起担任伊顿公学的教务

长，直到 1936 年去世。

其他著名的伊顿学生包括科学家罗伯特·博伊尔、约翰·梅娜德·史密斯、J.B.S. 哈尔达尼（2012 年诺贝尔生理学或医学奖获得者）、约翰·格尔登、布尔·布伦梅尔，经济学家约翰·梅娜德·凯恩斯与理查德·拉亚德，极地探险家罗伦斯·奥特斯，政治家艾伦·克拉克，板球评论员亨利·波罗菲尔，探险家拉诺尔夫·费恩尼斯，探险家贝尔·格里尔斯，作曲家托马斯·艾妮、皮特·沃尔洛克与赫伯特·帕里（他创作了《耶路撒冷》赞歌与《我很高兴》的加冕礼主题曲），还有音乐家弗兰克·特恩纳与亨弗里·莱特尔顿。